H
1. Lac de Nino
2. Trou de la Bombe
3. Uomo di Cagna
I
1. Sentier des Douaniers
2. Chemin du Facteur
3. Campomoro
CALANCHE DE PIANA
Piana
PLAGE D'ARONE
FORÊT ET CASCADE D'AÏTONE
MONTE D'ORO 2 389 M
T50
ÉTANG DE DIANE
TAVIGNANO
Aléria
Ghisoni
PLAINE ORIENTALE
ÉTANG D'URBINO
COL DE VERDE 1 289 M
Ghisonaccia
ÉTANG DE PALO
T10
G
Cargèse
Sagone
CRUZZINI
GOLFE DE SAGONE
T20
Ajaccio
D
CAPO DI FENO
PRUNELLI
TARAVO
Zicavo
POINTE DE LA PARATA
ÎLES SANGUINAIRES
GOLFE D'AJACCIO
Porticcio
MONTE INCUDINE 2 136 M
Solenzara
GRAND VALINCO
PRESQU'ÎLE D'ISOLELLA
AIGUILLES DE BAVELLA
Conca
ALTA ROCCA
CASTELLU DE CUCURUZZU
FILITOSA
Propriano
GOLFE DE VALINCO
T40
RIZZANESE
Campomoro
SARTENAIS
Sartène
GOLFE DE PORTO-VECCHIO
PLATEAU DE CAURIA
Porto-Vecchio
ÎLES CERBICALE
PUNTA DI SENETOSA
ORTOLO
CAP DE ROCCAPINA
Figari
E
BONIFACIO
F
CAP DE PERTUSATO
ÎLES LAVEZZI
MER TYRRHÉNIENNE
0
10
20 km

BIENVENUE EN CORSE

"Vivre en Corse présente un seul inconvénient. Lorsque l'on vient à mourir et que l'on monte au paradis... On est déçu !" Cette parole prêtée à un ancien serait-elle exagérée ? Elle dit, quoi qu'il en soit, combien la majesté des paysages de l'île de Beauté provoque d'émerveillements et suscite d'hyperboles.

On admire, au sud, l'éclatante splendeur des aiguilles de Bavella et la forte identité du Sartenais. À l'ouest, l'accueillante "Riviera" corse s'étire du golfe d'Ajaccio à celui de Sagone. Au centre, la Corse des origines, avec l'altière Corte et les prospères forêts de la Castagniccia. Certains préfèrent le Nord, la Corse discrète et charmante, de l'attachante Balagne aux marines du cap Corse.

Comment expliquer autrement ce territoire en grande partie sauvage et protégé, son identité culturelle emblématique et vivante, son patrimoine architectural traversé d'influences romaines, maures, génoises, pisanes et toscanes ? La Corse offre tant de possibilités : flâner dans les ruelles de Bonifacio aux balcons suspendus au-dessus de la falaise, plonger dans les piscines naturelles des gorges de la Restonica, randonner sur le GR20, danser toute la nuit à Calvi, s'abandonner au farniente sur des plages sublimes... Avec Carto, la Corse s'ouvre à vous !

Retrouvez dans ce guide toutes les bonnes adresses de Chloé Nury. Correspondante insulaire et amatrice de gastronomie, Chloé connaît la Corse comme sa poche.

INCONTOURNABLES

B

Plage de la Saleccia

Aux confins du désert des Agriates, cette plage sublime de près d'un kilomètre, adossée à une dune sauvage coiffée de genévriers, n'est accessible qu'en bateau, avec de bonnes chaussures de marche ou en véhicule tout-terrain. Un must, évidemment très couru en haute saison.

C

Réserve naturelle de Scandola

Inscrite sur la liste du patrimoine mondial, la réserve ne peut être approchée que par la mer. Le spectacle est alors saisissant : roches rouges des hautes falaises plongeant dans une eau limpide, qui abrite la faune sous-marine la plus riche de toute la Méditerranée.

A

Bastia

Trop souvent délaissée par les voyageurs pourtant nombreux à y débarquer, Bastia, posée entre mer et montagne, mérite que l'on s'y attarde. Ruelles pentues, escaliers et passages, citadelle génoise, vieux port, églises baroques, cafés et restaurants font tout le charme de la deuxième ville de Corse.

C

Lac de Nino

Au creux de l'aride massif du Rotondo se love le deuxième plus grand lac de Corse, une véritable oasis pour la faune sauvage.

F

Aiguilles de Bavella

Enflammées matin et soir par le soleil, les aiguilles de Bavella incisent le ciel. Les immenses pins qui verdissent les contreforts ajoutent à la majesté du lieu, pour le plus grand bonheur des alpinistes et des randonneurs.

Le Grand Large

A Casarella

Sant'Antonino

★ Lama C2
Les maisons médiévales en nid d'aigle sont en harmonie avec les vastes demeures d'influence toscane des oléiculteurs du XVIIIe s. Aujourd'hui, le village renaît grâce au tourisme vert.

Amama C2
→ Cortaline (D108)
Tél. 04 95 48 22 99
Mars-oct. : tlj. 12h-14h, 19h-22h
Une bonne cuisine méditerranéenne avec vue sur la vallée de l'Ostriconi jusqu'à la mer. Plat 13-25€.

★ Gorges de l'Asco C3
→ D147 Espaces pour se garer le long de la route
La D147 serpente dans un sublime paysage de roches granitiques et de genévriers et de pins laricio. Sentiers le long de la rivière et vasques pour se baigner.

★ Speloncato C2
Un village juché sur un éperon rocheux percé de *spelonche* (grottes). Tous les 8 avril et 8 septembre, les rayons du soleil illuminent la place à la nuit tombée, grâce à la "Pietra Tafunata", un tunnel qui transperce la montagne voisine !

Église Saint-Michel C2
L'église baroque du XVIIe s., flanquée d'un clocher ajouré, renferme un buffet d'orgues (XIXe s.) peint de scènes agrestes.

Domaine Renucci B2
→ À 7 km à l'ouest de Speloncato, Feliceto (D71)
Tél. 06 13 61 84 61 Mai-sep. : tlj. 10h-12h, 15h-18h30 (19h juil.-août) ; oct.-avr. : sur rdv
Vins blancs, rouges et rosés AOC Corse Calvi (plusieurs cépages locaux, syrah, grenache).

★ L'Île-Rousse B2
Les couleurs des proches îlots de granit rose au coucher du soleil ont inspiré le nom de la cité fondée par Pascal Paoli en 1765 pour rivaliser avec Calvi. De ses rêves de grandeur, il reste une modeste citadelle et une station balnéaire. Au bout de la digue, un chemin conduit au phare et à la tour génoise : vue sur la ville et les villages perchés de Balagne.

Saveurs balanines B2
→ 11, rue Napoléon
Tél. 06 20 14 39 64
Juin-sep. : lun.-sam. 10h-21h (19h oct.-mai)
Une épicerie fine dans la mouvance du *slow food* avec des produits d'ici, dont l'huile d'olive de Balagne, douce et dorée.

Le Grand Large B2
→ Prom. de la Marinella
Tél. 04 95 60 02 29
Avr.-oct. : tlj. 12h-15h, 19h30-22h30
Déjeuner à prix doux les pieds dans le sable ! Pizzas, poissons et viandes grillées. Plat 17-25€.

Bistrot de la Place B2
→ 3, place Pascal-Paoli
Mar.-sam. 12h-14h, 19h-22h ; dim. 12h-13h30
Dans ce restaurant bistronomique, des produits locaux et nobles réinventés : foie gras et cédrat, abats, sorbet de roquette. Plat 24-39€.

★ Corbara B2
Au terme d'une route jalonnée de tombeaux de riches propriétaires terriens (XVe-XVIIIe s.), apparaît le village en amphithéâtre au-dessus de la plaine. En été s'ouvre le musée Guy-Savelli, éclectique cabinet de curiosités.

Collégiale A Nunziata et musée du Trésor B2
→ Tél. 04 95 46 15 53
Mai-juin, sep. : lun.-sam. 10h-12h, 15h-18h / juil.-août :10h-12h30, 15h-19h
Ce bijou baroque abrite un maître-autel en marbre polychrome et un musée religieux.

★ Pigna B2
Sur une butte entourée d'oliveraies, le village symbolise le renouveau artisanal et musical corse, avec son festival d'été.

Centre de création musicale Voce B2
→ Tél. 04 95 61 73 13
www.voce.corsica
Un auditorium en bois et pisé à l'excellente acoustique. Toute l'année, programme musical et théâtral pointu.

A Casarella B2
→ Tél. 04 95 61 78 08
Juin.-août. : tlj. 10h-22h / sep.-mai : dim.-ven. 10h30-16h
La terrasse à canisses colorées s'ouvre sur la plaine balanine. Tapas 5€, plat 10€.

A Casa Musicale B2
→ Tél. 04 95 61 77 31
Avr.-nov. : tlj. 12h30-14h, 19h30-23h Horaires variables le reste de l'année
www.casamusicale.net
Pour boire un verre ou dîner en écoutant de la musique corse.

★ Sant'Antonino B2
Un village fortifié qui jouit d'une vue à 360° sur la Balagne. Venelles pavées et église du XVIIe s.

Gorges de Spelunca

Le Santana

mer, la roche multicolore sombre dans un bleu outremer. Inscrite sur la liste des sites naturels du patrimoine mondial de l'Unesco, la réserve protège un écosystème aquatique et terrestre fragile, survolé par le rare balbuzard pêcheur. Un territoire que l'on ne peut approcher qu'en bateau.

★ Chemin du facteur de Girolata A4
Une belle randonnée pour accéder au village le plus isolé de Corse. Voir page **I**.

★ Porto A5
Une base stratégique pour explorer les alentours. Port charmant avec sa tour génoise et ses restaurants.

Côté Place A5
→Marine
Tél. 04 95 26 14 94 Tlj. 7h-23h
Brasserie sympathique au service impeccable. La spécialité maison : pluma de porc ibérique. Plat 20€.

★ Gorges de Spelunca B5
→À 7 km à l'est de Porto (D124) Espaces pour se garer le long de la route
Un impressionnant défilé de versants escarpés gagnés par le maquis. Les plus audacieux s'y engagent à pied par le sentier muletier. Les autres empruntent avec prudence la D84, puis la D124, qui s'accrochent vaillamment aux parois.

★ Col de Vergio B5
→D84
Culminant à 1 478 m, le col de Vergio a deux facettes : ski en hiver, panorama et belles balades en été.

★ Lac de Nino B5
Randonnée vers ce lac glaciaire entouré de l'herbe toujours verte des pozzines. Voir page **H**.

★ Calanche de Piana A5
→D81
Châteaux, animaux, visages... L'imagination peuple ces vertigineuses calanques d'un univers fantastique. Ce paysage minéral, sculpté dans le granit rose par le sel et le vent, se découvre le mieux à pied.

★ Cargèse A6
Des maisons blanches en hauteur, deux sanctuaires face à face, l'un catholique, l'autre orthodoxe, on se croirait en Grèce ! À juste titre : d'abord débarquée en 1676 près d'Ajaccio, une colonie grecque fuyant les Ottomans s'est vue accueillie sur le territoire de Cargèse en 1774.

A Volta A6
→Pl. du Chanoine-Mattei
Tél. 04 95 26 41 96
Avr.-oct. : tlj. 10h-2h
Une salle tout en bois, un jardin exotique et une terrasse sur la mer ! Assiettes fraîches et de qualité : tartare et glace à l'olive noire. Plat 12-25€.

★ Sagone B6
La petite station balnéaire doit son succès à sa longue plage de sable fin.

Glacier Geronimi B6
→Résidence de la Plage
Tél. 04 95 28 04 13 Avr.-sep. : tlj. 7h30-2h / oct.-mars : tlj. 7h30-19h30 (18h déc.)
Même les Italiens envient les créations de ce maître glacier ! Choix cornélien : fraise, safran, parmesan, châtaigne ou fenouil-gorgonzola !

Le Santana A6
→À 2 km au sud de Sagone, plage du Santana
Tél. 04 95 74 02 03
Avr.-oct. : tlj. 8h-22h ; nov. : mar.-dim. 12h-14h
Plusieurs terrasses en bois étagées sur la plage ! En bas, un restaurant où le chef élabore une cuisine "terre et mer" ; en haut, un kiosque pour petit-déjeuner ou croquer un bon en-cas. Plat 17-35€.

ACTIVITÉS

Cinéma en plein air
Cinéma Le Fogata B2
→Col de Fogata L'Île-Rousse
Tél. 06 19 38 43 96
www.cinema-fogata.com
Juil.- août : tlj. 22h
Projections en plein air dans la cour ou dans la salle climatisée.

Balade à dos d'âne
Les ânes de Sant'Antonino B2
→Sant'Antonino
Tél. 04 95 61 74 98
Juin-sep. : tlj. 15h-20h
Pour découvrir les ruelles escarpées de Sant'Antonino.

Voyage en train
Petit train de Balagne B2
→Entre Calvi et L'Île-Rousse
Tél. 04 95 65 00 61
Tlj. 7 trains/j.
Ce petit train parcourt les 25 km de côtes balanines. Parfait pour s'arrêter aux plages sans avoir à se garer !

Location de bateaux
Patrick & Toussaint A5
→Marine de Porto
Tél. 06 81 41 70 03
www.patrickettoussaint.com Mai-sep. : tlj.
Le bateau, avec ou sans permis, pour accéder à la réserve de Scandola de façon indépendante.

Promenade en mer
U Filanciu A6
→Départs de Cargèse ou de la plage d'Arone
Tél. 07 60 14 03 04
www.ufilanciu.fr
Avr.-oct. : tlj.
Accès aux calanques, à la réserve de Scandola et au golfe de Porto, guidé par des amoureux de la mer.

Calvi / citadelle

Le Clemenceau

Réserve naturelle de Scandola

★ Calvi B2
Une petite ville dans un golfe abrité, de tout temps convoitée ! Lassés des invasions, les Calvais demandent la protection de Gênes en 1278 et lui voueront une loyauté sans faille jusqu'en 1768. Calvi est animée toute l'année !

Citadelle A1
Du haut de son promontoire rocheux, la citadelle aux étroites ruelles exhibe sa puissance militaire : un donjon, un palais des Gouverneurs et une caserne. En son centre, l'église Saint-Jean-Baptiste abrite un admirable triptyque sur bois du XVe s.

Chez Tao A1
→Citadelle Tél. 04 95 65 00 73 Juil.-août : tlj. 22h-dernier client / juin, sep. : ven.-sam. 22h30-dernier client
Depuis 1928, l'ancienne résidence d'été des évêques est devenue un haut lieu de la chanson. Le piano-bar rassemble toutes les générations ! L'ambiance joyeuse a inspiré à Jacques Higelin sa *Ballade de chez Tao*.

Ville basse A1
À l'ombre des remparts, la ville basse, bâtie à partir de 1796 autour de la rose Sainte-Marie-Majeure, déploie rues piétonnes, marina et plages de sable.

Via Marine A1
→18, rue G.-Clemenceau Tél. 04 95 65 06 30 Avr.-oct. : tlj. 12h-15h, 19h-23h
Sur un balcon au-dessus des quais, une équipe sympathique sert plats corses et pizzas. Plat 15-20€.

U Minellu A1
→Traverse de l'Église-Santa-Maria Lun.-mar., jeu.-sam. 12h-13h30, 19h-22h ; mer., dim. 19h-22h
Mobilier dépareillé façon brocante et plats soignés : *polpetti* de veau corse en sauce tomate, dos de cabillaud sauce au Cap Corse Mattei. Plat 22-24€.

Bar de la Tour A1
→Quai Adolphe-Landry Tél. 04 95 46 39 74 Tlj. 8h-2h
Des fauteuils moelleux pour déguster une glace et des tabourets au bar pour siroter un cocktail au son d'un concert ou d'un DJ.

LES PLUS BELLES PLAGES

Lozari C2
→Village de Lozari Parking
Nombreuses activités nautiques sur cette belle plage de sable. La partie sud, plus sauvage, est aussi plus calme.

Bodri B2
→À 5 km à l'ouest de l'Île-Rousse Parking payant
Eau translucide et sable fin : on se croirait dans un lagon ! Zone naturiste au nord de la plage.

Sainte-Restitude B2
→À 7,5 km à l'est de Calvi (N197) Parking Accès par le petit train de Balagne)
Une petite plage de sable et de galets discrète. Baignade en pente douce et restaurant à proximité.

L'Alga A2
→À 3,5 km à l'ouest de Calvi Se garer au nord ou poursuivre sur la piste
Au bout d'une piste cabossée, une petite plage indomptée, avec vue sur le golfe de Revellata et ses pointes. Arriver tôt en été, la plage ne fait que 100 m de long !

Arone A5
→À 12 km au sud-ouest de Piana (D824) Parking
Jolie crique abritée entourée de rochers roses et de maquis. Un poste de secours, chose rare, assure la surveillance en été.

Aux gâteaux corses A1
→9, bd Wilson Tél. 04 95 65 01 07 Été : 9h-22h ; hiver : variable
Canistrelli, macarons et autres pâtisseries aux saveurs corses.

Le Clemenceau A1
→Rue Georges-Clemenceau Tél. 06 18 50 59 78 Avr.-mi-oct. : tlj. 9h-20h
Spécialiste passionné, Régis Bonnaffous est le porte-parole des artisans couteliers de la région. Conseils avisés.

★ Notre-Dame-de-la-Serra A2
→À 5 km au sud de Calvi
Sur les hauteurs de Calvi, cette chapelle du XIXe s. offre un panorama de carte postale sur la baie. La statue de la vierge sur son rocher semble veiller sur elle.

★ Réserve naturelle de Scandola A4
*→**En bateau** par Calvi ou Galéria (voir page Transports) **En voiture** Point de vue du parking du col de la Croix*
Falaises de porphyre, orgues de rhyolite, failles rocheuses… voilà 250 millions d'années, un cataclysme volcanique donnait naissance à cette merveille de la nature. Érodée par le vent et la

en marbre blanc *Napoléon Bonaparte en Premier consul* (1804), au-dessus d'une fontaine en granit ornée de quatre lions, signés Jérôme Maglioli.

★ Hôtel de ville / Salon napoléonien C4
→ Pl. Foch Tél. 04 95 51 52 62 Juin-sep. : lun.-ven. 9h-11h45, 14h-17h45 / oct.-mai : lun.-ven. 9h-11h45, 14h-16h45
Au premier étage de l'hôtel de ville, le Salon napoléonien de style Empire, lieu de mémoire de la famille impériale, dévoile plusieurs portraits, dont un de Napoléon Ier en costume du sacre. Au plafond, une fresque, réalisée en 1940 par un artiste local, rend hommage à l'empereur conquérant. Dans la salle des médailles, quelques beaux objets, dont une tabatière en or sertie de diamants et la dernière petite cuillère utilisée par Napoléon.

★ Maison Bonaparte C5
→ 1, rue Saint-Charles Tél. 04 95 21 43 89 Avr.-sep. : mar.-dim. 10h-12h30, 13h15-17h30 / oct.-mars : mar.-dim. 10h-12h30, 13h15-16h30
Le 15 août 1769, Napoléon vit le jour dans cette maison en plein centre d'Ajaccio. En 1967, la demeure devint un musée national. On replonge dans le XVIIIe s. à travers le mobilier, les peintures et les décorations.

★ Quai de la Citadelle-Port Tino-Rossi D5
Bordée de palmiers, cette agréable promenade le long du port aligne restaurants et boutiques, tandis que tanguent les bateaux de plaisance. Y mouillent parmi les plus beaux yachts du monde, quête de douceur et de dépaysement vit son rêve méditerranéen à Ajaccio. Pour cette clientèle chic, de grands hôtels sortent de terre, dont l'impressionnant Grand Hôtel Continental, palais à l'italienne, et son jardin exotique. L'architecte, Barthélémy Maglioli, fait preuve de démesure et rivalise avec les établissements de la Riviera. L'édifice est aujourd'hui le siège de la collectivité territoriale de Corse.

★ Place d'Austerlitz hors plan A5
Une place tout en longueur dominée par une imposante représentation de Napoléon. Coiffée du célèbre bicorne, la silhouette de l'empereur, juchée au sommet d'un escalier, se détache dans le ciel. La statue est une réplique de celle qui surmontait la colonne Vendôme à Paris de 1833 à 1863. Au pied du monument, sur la gauche, se trouve une petite grotte. Elle aurait servi d'abri au jeune Napoléon rêvant de conquérir le monde.

★ Lazaret Ollandini / Musée Marc-Petit hors plan C1
→ Quartier Aspretto Tél. 04 95 50 40 80 lelazaret-ollandini.com Ouvert lors des expositions
Fondé en 1843 pour mettre en quarantaine les pêcheurs de corail de retour des côtes africaines, le lazaret accueille aujourd'hui le musée Marc-Petit. Sont exposées en plein air plusieurs œuvres de ce sculpteur (né en 1961), dont 30 bronzes monumentaux rappelant l'expressionnisme. Expositions temporaires d'artistes locaux.

Maison Bonaparte

Bibliothèque municipa

Place Foch

Palais Fesch

Place d'Austerlitz

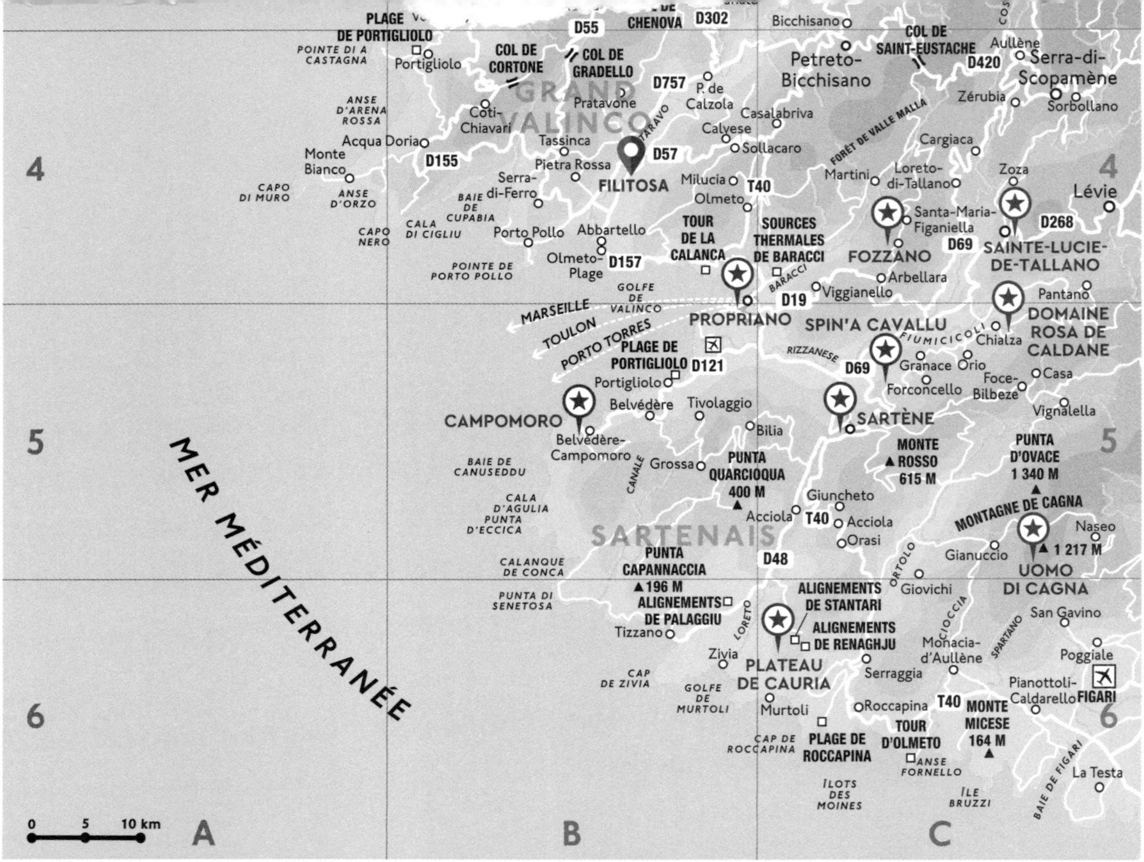
PLAGE DE PORTIGLIOLO
POINTE DI A CASTAGNA
Portigliolo
COL DE CORTONE
COL DE GRADELLO
D55
CHENOVA
D302
Bicchisano
Petreto-Bicchisano
COL DE SAINT-EUSTACHE
D420
Aullène
Serra-di-Scopamène
Zérubia
Sorbollano
GRAND VALINCO
Pratavone
D757
P. de Calzola
Casalabriva
Calvese
Sollacaro
TARAVO
ANSE D'ARENA ROSSA
Coti-Chiavari
Acqua Doria
Tassinca
D57
FORÊT DE VALLE MALLA
Cargiaca
Monte Bianco
D155
Pietra Rossa
FILITOSA
Milucia
T40
Martini
Loreto-di-Tallano
Zoza
Lévie
CAPO DI MURO
ANSE D'ORZO
Serra-di-Ferro
BAIE DE CUPABIA
Olmeto
Santa-Maria-Figaniella
D268
CAPO NERO
CALA DI CIGLIU
Porto Pollo
Abbartello
TOUR DE LA CALANCA
SOURCES THERMALES DE BARACCI
FOZZANO
D69
SAINTE-LUCIE-DE-TALLANO
Olmeto-Plage
D157
POINTE DE PORTO POLLO
BARACCI
Arbellara
GOLFE DE VALINCO
Viggianello
D19
Pantano
MARSEILLE
TOULON
PORTO TORRES
PROPRIANO
SPIN'A CAVALLU
FIUMICICOLI
Chialza
DOMAINE ROSA DE CALDANE
PLAGE DE PORTIGLIOLO
D121
RIZZANESE
Granace
Orio
D69
Casa
Foce-Bilbeze
Portigliolo
Forconcello
Belvédère
Tivolaggio
Vignalella
CAMPOMORO
SARTÈNE
Bilia
Belvédère-Campomoro
MONTE ROSSO 615 M
PUNTA D'OVACE 1 340 M
BAIE DE CANUSEDDU
Grossa
PUNTA QUARCIOQUA 400 M
CANALE
Giuncheto
MONTAGNE DE CAGNA
CALA D'AGULIA
PUNTA D'ECCICA
Acciola
T40
Acciola
Orasi
Naseo
1 217 M
SARTENAIS
Gianuccio
CALANQUE DE CONCA
PUNTA CAPANNACCIA
196 M
D48
ORTOLO
UOMO DI CAGNA
Giovichi
PUNTA DI SENETOSA
ALIGNEMENTS DE PALAGGIU
ALIGNEMENTS DE STANTARI
ALIGNEMENTS DE RENAGHJU
San Gavino
CIOCCIA
Tizzano
LORETO
Monacia-d'Aullène
SPARTANO
Poggiale
Zivia
PLATEAU DE CAURIA
Serraggia
CAP DE ZIVIA
GOLFE DE MURTOLI
Pianottoli-Caldarello
FIGARI
Murtoli
Roccapina
T40
MONTE MICESE 164 M
CAP DE ROCCAPINA
PLAGE DE ROCCAPINA
TOUR D'OLMETO
BAIE DE FIGARI
ANSE FORNELLO
La Testa
ÎLOTS DES MOINES
ÎLE BRUZZI
MER MÉDITERRANÉE
0
5
10 km
A
B
C
4
5
6

A
B
C
1
2
3
Cargèse
Pointe de Cargèse
Rondolino
Sagone
Esigna
Punta Puntiglione
Coggia
Vedolaccia
Casanova
Parapoggio
Arbori
Muna
Rosazia
Salice
Monte Cervello 1 624 m
Rezza
Piane
Cruzzini
Lopigna
Arro
Ambiegna
Casaglione
Tiuccia
Liamone
Golfe de la Liscia
Sari-d'Orcino
Cannelle
Punta Sant'Eliseo 1 271 m
Vero
Suaricchio
Ucciani
Tavera
Bocognano
Busso
Cascade du Voile de la Mariée
Col de Vizzavona 1 931 m
Punta di l'Oriente 2 112 m
Capannelle
Monte Renoso 1 984 m
Monte Giovanni 1 950 m
Val d'Ese
Bastelica
Vizziluca
Ciamannacce
Sampolo
Cozzano
Tasso
Zicavo
Guitera-les-Bains
Bains-de-Guitera
Bergeries de Basseta
Bosco di u Coscione
Carbuccia
A Cupulatta
Tavaco
Sarrola-Carcopino
Sant'Andréa-d'Orcino
Calcatoggio
Peri
Peraccia
Sant'Antoine
Gorges du Prunelli / Lac de Tolla
Tolla
Cuttoli-Corticchiato
Ocana
Vignola
Radicale
Monticchi
Cauro
Quasquara
Zévaco
Corrano
Olivese
Ampaza
Azilone
Forciolo
Sainte-Marie-Sicché
Cardo-Torgia
Albitreccia
Zigliara
Urbalacone
Bains-de-Taccana
Moriccio
Argiusta
Moca-Croce
Taravo
Guargualé
Cognocoli-Monticchi
Appietto
Piscia-Rossa
Afa
Mezzavia
Botaccina
Bastelicaccia
Prunelli
Pisciatello
Monte Rosso 548 m
Punta Cozzanaccio 1 060 m
Bisinao
Marato
Pietrosella
Agosta
Molini
Marina Viva
Porticcio
Ajaccio-Napoléon-Bonaparte
Plage du Ricanto
Aspretto
Alata
Domaine des Milelli
Ajaccio
Golfe d'Ajaccio
Plage d'Agosta
La Crociata
Porto Torres
Genova
Toulon
Nice
Marseille
Pevani
Monte Saint-Angelo 348 m
Pointe Pozzo di Borgo 779 m
Villanova
Castelluccio
Monte Salario 311 m
Scudo
Plage de Scudo
Plage de la Terre Sacrée
Golfe de Lava
Pisinale
Plage de Sevani
Capo di Feno
Anse de Minaccia
Pointe de la Parata
Îles Sanguinaires
D70
D81
D111
D81
T20
D27
D3
D27
T40
D302
D83
T40
D69
D69

E

Grand Ajaccio / Granda Valinco / Sartenais

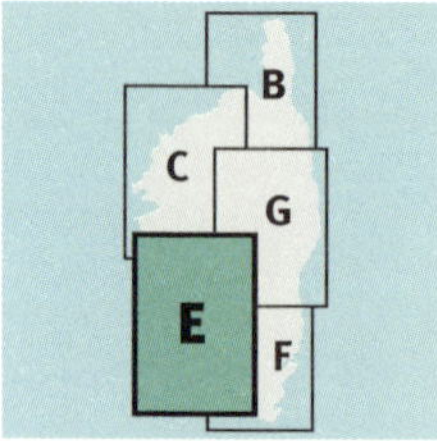

Dans le golfe d'Ajaccio, les îles Sanguinaires semblent posées dans la mer tels des points de suspension… En montagne, le fleuve Prunelli impressionne par les gorges qu'il a creusées avant d'être arrêté dans sa course par le barrage de Tolla. Au sud-ouest, le site de Filitosa et les menhirs de Cauria rappellent que la Corse est aussi une terre de préhistoire. Un passé marqué plus tard par les guerres de clans et les vendettas dans d'austères villages aux hauts murs de granit, comme Fozzano et Sainte-Lucie-de-Tallano. Changement de décor à l'ouest : au bord du golfe de Valinco, Propriano attire les vacanciers, tandis qu'au sud, les vignes de Sartène dévalent les pentes vers des rivages déserts qui, de Campomoro à Roccapina, réservent leurs criques aux plaisanciers.

Les îles Sanguinaires

Marché d'Ajaccio

A Casetta

Yayourt

tonnerre fait la part belle aux produits du marché. Menu unique : ici, le spectacle est dans l'assiette. Plat 27€.

Le 20123 C5 (7)
→ 2, rue du Roi-de-Rome
Tél. 04 95 21 50 05
Lun.-sam. 11h30-14h30, 19h-23h ; dim. 19h-23h
Au cœur d'Ajaccio a été reconstitué le décor du village de Pila-Canale, dont le code postal a donné son nom au restaurant ! Tout y est, de la fontaine où l'on va chercher son eau au ciel étoilé, en passant par les chants polyphoniques. Cuisine authentique aux portions généreuses. Menu unique 38€.

PÂTISSERIE, CAFÉS, BARS

Maison Filidori C3 (8)
→ 25, cours Napoléon
Tél. 04 95 21 03 37
Mar.-sam. 7h45-13h, 14h30-19h ; dim. 7h45-12h30
De superbes pâtisseries et chocolats réalisés sur place. Coup de cœur pour l'éclair à la châtaigne !

Yayourt C4 (9)
→ 9, rue Cardinal-Fesch
Tél. 06 21 41 55 95
Juil.-août : lun.-sam. 12h-0h / sep.-juin : 12h-19h
En version sucrée ou salée, les yaourts glacés sont une rafraîchissante gourmandise. Dans un décor de cantine des années 1970, on choisit le format de sa coupe avant de l'agrémenter selon ses goûts : fruits frais, éclats de biscuits, confiture de myrte, coulis de chocolat... Plus de 40 garnitures disponibles.

Caliente C5 (10)
→ 2, rue Bonaparte
Tél. 04 95 10 23 65
Tlj. 18h-2h
Dans la rue la plus noctambule de la ville, un bar latino où les vins d'ici et d'Amérique latine se dégustent autour de tapas ibériques. On coche directement sur le menu : croquetas, manchego, supions frits... Terrasse bondée l'été ! Soirées musicales régulières.

Micro-brasserie Impériale C5 (11)
→ 5, rue Zevaco-Maire
Tél. 06 29 60 43 39
Mar.-sam. 17h-2h
Des robes de toutes les couleurs uniquement disponibles dans les locaux. Sur place ou à emporter.

Le Lamparo C5 (12)
→ 1, bd Pascal-Rossini
Tél. 04 95 27 12 55
Lun.-sam. 7h-2h
En face de la plage, ce bar branché semble ne jamais désemplir, de jour comme de nuit ! Les prix restent corrects et le service impeccable.

SHOPPING

La Cave du Cardinal C4 (13)
→ 18, cour Napoléon
Tél. 04 95 50 30 27
Lun.- sam. 10h-13h, 15h-20h
Sous les voûtes en pierre de cette grande cave à vin, une large sélection de cuvées corses ainsi que de différents millésimes. Conseils avisés et possibilité d'expédier les bouteilles par colis.

La Maison du Corail C4 (14)
→ 1, rue Cardinal-Fesch
Tél. 04 95 21 47 94
Mar.-sam. 9h-19h
Des bijoux en corail rouge montés sur or ou argent. Certains disent qu'ils auraient des vertus médicinales et porte-bonheur !

Marché d'Ajaccio C5 (15)
→ Place Foch
Avr.-oct. : tlj. 8h-13h30 / nov.-mars : mar.-dim. 8h-13h30
Grand marché coloré où s'étalent charcuterie, miel, fromages, cédrats, fruits séchés, épices... et quelques spécialités chaudes à déguster en parcourant les allées.

A Casetta C5 (16)
→ 1, av. du Premier-Consul
Tél. 04 95 21 77 12
Lun.-sam. 7h30-19h / fermé jan.-mars www.acasetta-produitscorses.com
On se rendra les yeux fermés dans cette boutique familiale : charcuterie, fromages, huile d'olive, douceurs, vins et liqueurs sont sélectionnés avec soin chez les meilleurs producteurs.

Empires C5 (17)
→ 9, rue du Roi-de-Rome
Tél. 04 95 24 48 26
Juin-sep. : mar.-sam. 10h-12h30, 15h-19h30 / oct.-mai : mar.-sam. 14h30-19h www.empires.fr
Décalé, insolite, rigolo, voire kitsch mais toujours branché... Valérie Santarelli, historienne iconoclaste, dépoussière avec humour la Napoléonmania avec sa marque bien nommée, Empires ! Accessoires de mode, objets de déco, T-shirts, sacs, etc., en petites séries et aux motifs iconiques : l'abeille, les lauriers, l'aigle, le monogramme...

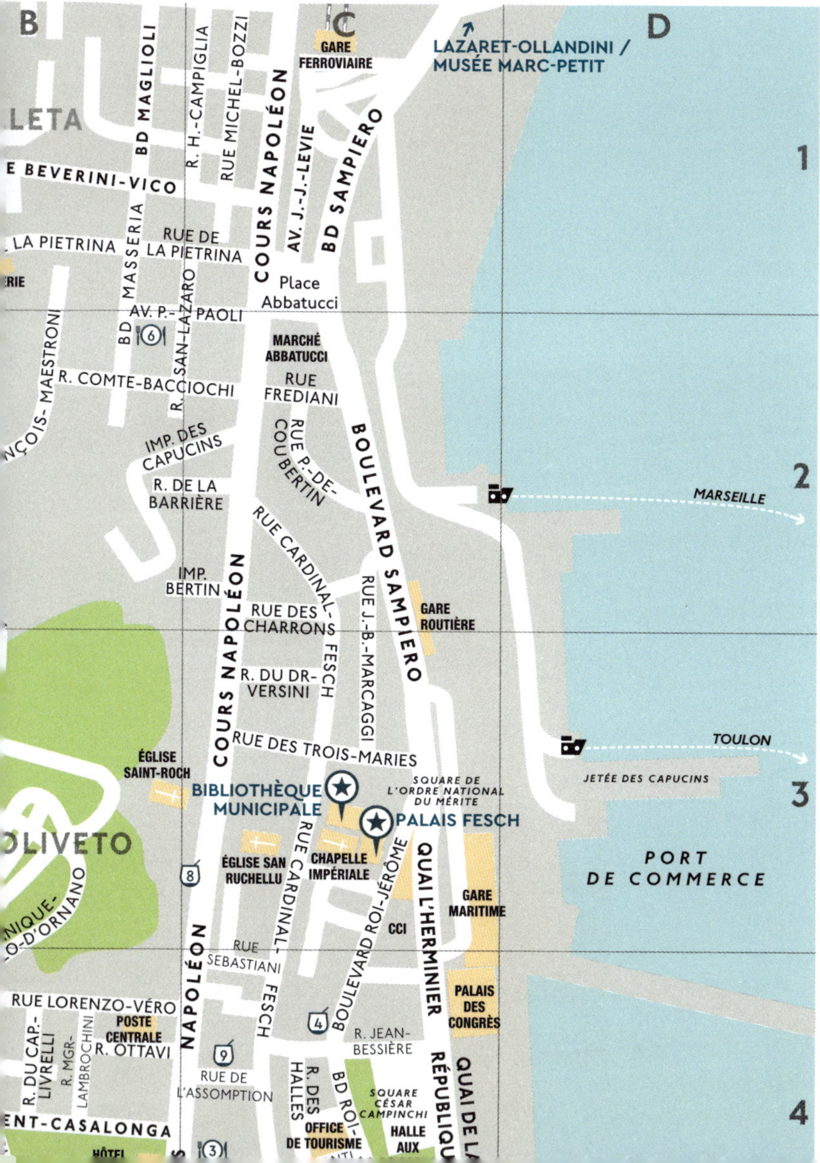
B
C
D
1
2
3
4
GARE
FERROVIAIRE
LAZARET-OLLANDINI /
MUSÉE MARC-PETIT
BD MAGLIOLI
R. H.-CAMPIGLIA
RUE MICHEL-BOZZI
COURS NAPOLÉON
AV. J.-J.-LEVIE
BD SAMPIERO
E BEVERINI-VICO
RUE DE
LA PIETRINA
BD MASSERIA
Place
Abbatucci
AV. P.-PAOLI
BD
R. SAN-LAZARO
MARCHÉ
ABBATUCCI
R. COMTE-BACCIOCHI
RUE
FREDIANI
RUE P.-DE-COUBERTIN
BOULEVARD SAMPIERO
IMP. DES
CAPUCINS
R. DE LA
BARRIÈRE
MARSEILLE
RUE CARDINAL-FESCH
IMP.
BERTIN
RUE DES
CHARRONS
RUE J.-B.-MARCAGGI
GARE
ROUTIÈRE
R. DU DR-
VERSINI
RUE DES TROIS-MARIES
TOULON
ÉGLISE
SAINT-ROCH
BIBLIOTHÈQUE
MUNICIPALE
SQUARE DE
L'ORDRE NATIONAL
DU MÉRITE
JETÉE DES CAPUCINS
PALAIS FESCH
OLIVETO
ÉGLISE SAN
RUCHELLU
CHAPELLE
IMPÉRIALE
BOULEVARD ROI-JÉRÔME
QUAI L'HERMINIER
PORT
DE COMMERCE
GARE
MARITIME
CCI
RUE
SEBASTIANI
NAPOLÉON
RUE LORENZO-VÉRO
POSTE
CENTRALE
R. OTTAVI
R. DU CAP.-
LIVRELLI
R. MGR-
LAMBROCHINI
RUE DE
L'ASSOMPTION
R. DES
HALLES
BD ROI-
R. JEAN-
BESSIÈRE
PALAIS
DES
CONGRÈS
RÉPUBLIQU
QUAI DE LA
SQUARE
CÉSAR
CAMPINCHI
OFFICE
DE TOURISME
HALLE
AUX
ENT-CASALONGA
HÔTEL

★ **Palais Fesch** C3
→ *50-52, rue Cardinal-Fesch*
Tél. 04 95 26 26 26 17h
Mai-oct. :tlj. 9h15-18h /
nov.-avr. : tlj. 9h-17h
Cinq siècles de peinture, essentiellement italienne, illustrés par les œuvres de maîtres comme Botticelli, Titien, Véronèse et Bernin. Elles furent léguées à la ville par le cardinal Fesch, oncle de Napoléon, pour instruire les jeunes gens. Le palais, spécialement érigé à partir de 1858 pour la collection, abrite aussi la chapelle Impériale, consacrée en 1860. Expositions temporaires.

★ **Bibliothèque municipale** C3
→ *50, rue Cardinal-Fesch*
Tél. 04 95 51 13 00
Lun.-ven. 9h-12h, 14h-17h
La bibliothèque fut créée en 1801 par Lucien Bonaparte, frère de Napoléon. Splendide salle de lecture sous des voûtes croisées inondées de lumière. Dans les rayonnages, 12 300 ouvrages, du XVe au XIXe s., proviennent des confiscations sous la Révolution et 28 000 livres ont été remis par le cardinal Fesch et d'autres donateurs. Les deux lions au pied de l'escalier ont été moulés d'après ceux du tombeau de Clément XIII à Saint-Pierre de Rome.

★ **Place Foch** C4
→ ***Marché*** *Avr.-oct :*
tlj. 8h-13h30 / nov.-mars :
mar.-dim. 8h-13h30
Point de passage entre la rue Cardinal-Fesch et la vieille ville, la place Foch, piétonne et flanquée de palmiers, donne sur le port. À voir le matin, dans l'animation du marché. À l'ouest se dresse l'emblématique monument dont certains mesurent jusqu'à 100 m !

★ **Citadelle** D6
D'abord un simple *castello* construit à l'initiative des Génois en 1492, la citadelle a, au cours du XVIe s., été pourvue de fossés et de murailles hexagonales. Très joli point de vue depuis la plage Saint-François sur le bâtiment... en attendant sa réhabilitation.

★ **Plage Saint-François** B5
Au pied de la citadelle, cette petite plage de sable est la plus accessible d'Ajaccio. Pourquoi s'en priver ? S'y rendre à pied, car il est très difficile de se garer à proximité.

★ **Cathédrale** C5
→ *Rue Forcioli-Conti*
Tél. 04 95 21 07 67 Été : tlj.
7h30-19h /hiver : tlj. 8h-18h
La cathédrale, édifiée à la fin du XVIe s. dans le style Renaissance, domine une jolie place ouverte sur la mer. C'est ici que fut baptisé Napoléon, en juillet 1771, et que se trouvait le tombeau de la famille Bonaparte. Dans la première chapelle à droite en entrant, une toile d'Eugène Delacroix, La Vierge du Sacré-Cœur.

★ **Place de Gaulle** B5
Cette vaste esplanade, qui marque la séparation entre vieille ville et nouveaux quartiers, est une nouvelle occasion d'honorer Napoléon. Cette fois, la statue en bronze de l'Empereur trône sur une monture entourée de ses quatre frères : Louis, Lucien, Joseph et Jérôme.

★ **Ancien Grand Hôtel Continental** A5
→ *22, cours Grandval*
À la fin du XIXe s., une élite anglaise et allemande en

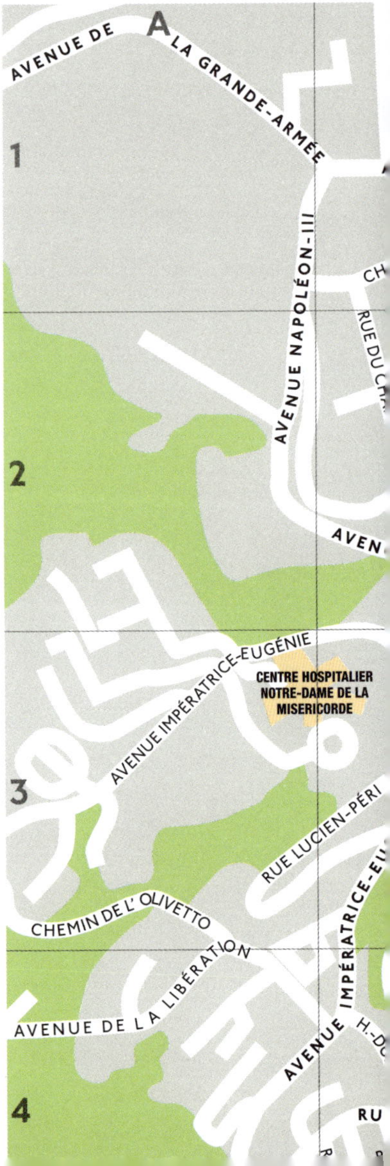

D

Ajaccio

Partout plane l'ombre de Napoléon Bonaparte (1769-1821), qui a fait de sa cité natale la capitale de l'île en 1811. Ses statues trônent sur les places Foch et d'Austerlitz, son ancienne demeure est devenue un musée et son nom semble s'afficher sur toutes les vitrines. Aujourd'hui, la plus grande ville de Corse fleure bon la Méditerranée, au bord de son golfe clair. Les maisons ocre et rose s'entourent de palmiers, de terrasses animées jour et nuit. La citadelle baigne entre le vieux port, baptisé du nom de Tino Rossi, autre enfant du pays, et la plage Saint-François.

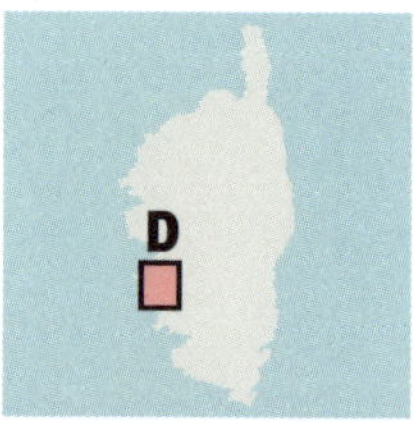

L'Auberge ajaccienne

Le 20

RESTAURANTS

L'Ailleurs Café B5 ①
→ 3, rue Général-Fiorella
Tél. 06 09 07 37 79
Mar.-ven. 11h30-15h ; ven.-sam. 19h-0h
Nathalie élabore des menus en fonction des régions du monde qu'elle a visitées. Un jour en Mongolie, le lendemain au Pérou. Cuisine exotique et délicieux rhums arrangés maison. Plat 12€.

L'Instant C5 ②
→ 1, rue Emmanuel-Arène
Tél. 04 95 26 48 86
Lun.-mer. 12h-15h ; jeu.-sam. 12h-15h, 20h-22h
Sur une petite place discrète où l'on se croirait presque au village, une cuisine simple mais efficace ! Bruschettas, délicieux burgers et plats du jour. Plat 12-21€.

Le Grand Café Napoléon C4 ③
→ 10, cours Napoléon
Tél. 04 95 21 42 54
Lun.-sam. 7h-23h
En face de la préfecture, cette institution est le spot idéal pour observer les Ajacciens. À l'intérieur, dans la vaste salle à la belle hauteur de plafond et au dallage en damier noir et blanc, des tables nappées de blanc pour une carte de brasserie couleur locale. Plat 15-25€.

L'Alba C4 ④
→ 7, bd du Roi-Jérôme
Tél. 06 78 93 26 11
Lun.-mar. 12h-14h ; mer.-sam. 12h-14h, 19h-22h
Dans cette petite brasserie, excellente cuisine à base de produits frais et locaux, le tout à des prix abordables. Très convivial. Plat 15-25€

L'Auberge ajaccienne C5 ⑤
→ 4, rue Bonaparte
Tél. 06 09 76 64 57
Juil.-août : tlj. 12h-14h, 19h-22h30 / sep.-déc., fév.-juin : mar.-sam. 12h-14h, 19h-22h30 ; dim.-lun. 19h-22h30
Ici, on ne rigole pas avec les traditions ! Des produits 100 % corses pour la confection des plats dans le respect des recettes d'antan : anguilles à l'ajaccienne, veau aux olives, etc. Plat 15-30€.

A Nepita B2 ⑥
→ 4, rue San-Lazaro
Tél. 04 95 26 75 68 Mar. 12h-14h ; mer.-ven. 12h-14h, 19h-22h ; sam. 19h-22h
Non loin du Tribunal, dans une belle demeure aux murs blancs, un duo corso-britannique du

F

Bonifacio / Porto-Vecchio / Alta Rocca

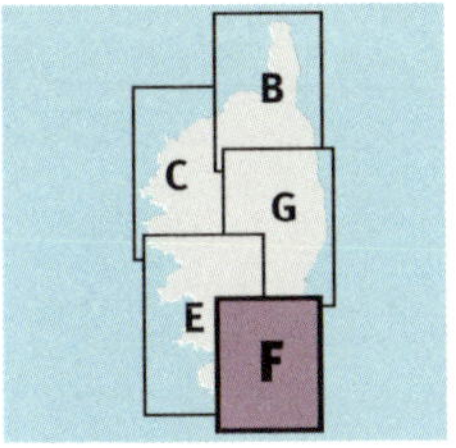

Au bord d'un gouffre à l'extrême sud de l'île, la ville de Bonifacio défie les éléments tandis que, plus au sud, le phare de Pertusato veille sur les féeriques îles Lavezzi, trait d'union entre la Corse et la Sardaigne. De là, les chênes-lièges émaillent des baies, des criques et des plages idylliques, concourant au plus beau camaïeu turquoise et au plus blanc des sables jusqu'à Porto-Vecchio. Les ruelles de la Cité du sel semblent ne jamais désemplir, mais cela n'enlève presque rien à son charme légendaire. Pour plus de calme, il faut s'enfoncer dans l'Alta Rocca. De jolis villages nichent à l'ombre des aiguilles de Bavella, repaire des randonneurs et des alpinistes. Enfin, dans la forêt, les torrents, paradis du canyoning, se précipitent vers Solenzara.

Falaises calcaires de Bonifacio

Au biscuit de Fozzano

Atelier Legnu Nustrale

Plage de Roccapina

★ Propriano B5
Tapi au fond du golfe de Valinco, le port attend sagement les beaux jours pour happer les estivants qui débarquent par milliers. Le long du quai, enfilade de terrasses où se donne un vrai ballet de serveurs.

Terra Cotta B5
→ *31, av. Napoléon-III Tél. 04 95 74 23 80 Avr.-oct. : lun.-sam. 12h-14h, 19h30-22h30 ; dim. 19h30-22h30 (août)*
La créativité est de mise dans le décor oriental comme en cuisine, où l'on ne se contente pas de griller le poisson. Plat 25-30€.

Tempi Fa B5
→ *7, av. Napoléon-III Tél. 04 95 76 06 52 Mars-oct. : tlj. 9h-23h / nov.-mi-jan. : mar-sam. 10h-12h, 15h-19h*
Autour des tonneaux en terrasse ou dans la belle salle carrelée de ce bistrot-épicerie, on savoure succulents fromages, charcuterie, et tapas à la mode corse.

Au biscuit de Fozzano C4
→ *30, cours Général-de-Gaulle Tél. 06 60 40 16 38 Tlj. 7h30-21h30*
L'adresse pour goûter aux *canistrelli* ! Jean Biancamaria les parfume au citron, à l'amande, au vin blanc ou à l'anis.

★ Campomoro B5
L'un des plus beaux tronçons du littoral corse pour une randonnée familiale. Voir page **I**.

★ Fozzano C4
Entre les murs en granit gris des maisons fortifiées, s'est jouée en 1833 l'une des plus sanglantes vendettas de l'histoire corse. Colomba, qui inspira la nouvelle de Prosper Mérimée, est enterrée dans le village.

Atelier Legnu Nustrale C4
→ *Route de l'Église Tél. 04 95 73 47 57 Avr.-oct. : lun.-sam. 10h30-12h30, 15h-18h / hiver : sur rdv*
Jeff Nicolier, un heureux pipier-tourneur, s'attache à mettre en valeur les ébauchons taillés dans des racines de bruyère arborescente pour faire naître pipes, stylos et vaporisateurs de parfum. Objets artisanaux uniques aux mille et une couleurs du bois.

LES PLUS BELLES PLAGES

Scudo A3
→ *Village de Scudo (D111) Parking gratuit*
Enfilade de minuscules plages de sable et de criques, avec vue sur la Grande Sanguinaire.

Ricanto B2
→ *À 5 km à l'est d'Ajaccio (T20) Parking gratuit*
Pour se baigner à la sortie de l'avion !

Mare e Sole B3
→ *À 10 km au sud de Porticcio (D55) Parking gratuit*
Plage réputée pour son sable ultrafin et sa baignade en pente douce.

Portigliolo B4
→ *Portigliolo Se garer à la sortie nord du hameau*
Une longue plage de 4 km, où l'on trouvera de la place pour poser sa serviette même en été, sans doute en raison du mauvais état de la route pour y accéder. Sa partie est, semée de quelques rochers, est plus sauvage.

Roccapina C6
→ *À 5 km à l'est de Roccapina (T40) Parking, puis piste très endommagée (en 4x4 de préférence) ou 45 min à pied*
Sur une côte sauvage, au pied d'un rocher en forme de lion et de vestiges d'une tour médiévale, se déroule une longue plage de sable tout doux.

★ Sainte-Lucie-de-Tallano C4
Sur les contreforts de l'Alta Rocca, Sainte-Lucie s'enorgueillit de son huile d'olive et de ses gisements de diorite orbiculaire. Pour admirer cette rarissime roche éruptive d'un gris sombre, ornée d'"yeux" clairs, s'approcher du monument aux morts. Au détour des ruelles, une impressionnante *casa forte* du XVIe s.

Église Saint-Jean-Baptiste C4
→ *À 20 min à pied au nord-ouest par un sentier au départ du hameau de Poggio*
Cette église romane du XIIe s. se dresse au milieu du maquis. On admire la frise extérieure, sculptée de masques anthropomorphes et de sangliers.

Moulin à huile
→ *Tél. 04 95 78 80 13 (mairie) Juin-sep. : lun-sam. 9h-12h, 15h-18h*

Sartène

Bergerie d'Acciola

Près du ruisseau, le vieux moulin à huile (XVIIIe s.), réhabilité en un écomusée dédié à l'olive (visite commentée), presse une fois l'an, au mois de mars, lors de la *festa di l'oliu novu*.

★ Domaine Rosa de Caldane C4
→ Résidence hôtelière les Caldanes (D148), Ste-Lucie-de-Tallano Tél. 04 95 73 50 26 (hôtel) /04 95 77 00 34 (bains et restaurant) Sep.-fin juin. : tlj. 9h-20h / juil.-août : tlj. 9h-23h Entrée 7€
Une eau sulfureuse à 38 °C alimente les bassins de vieilles pierres à ciel ouvert. Ses vertus curatives sont connues depuis des siècles. S'y baigner 20 min maximum promet détente et douceur de la peau ! Préférer la soirée pour éviter le soleil ardent. Puis prolonger le plaisir par un massage ou un verre au bar ?

Domaine Fiumicicoli C5
→ À 6 km au sud-ouest du domaine Rosa de Caldane (D69) Route de Lévie Tél. 04 95 77 10 20 Juil.-août : lun.-sam. 9h-12h, 14h-18h
Fiumicicoli ou le "petit fleuve", du nom de la rivière qui irrigue les plants dispersés sur les coteaux graniteux, a donné son nom à ce domaine de 73 ha. Les vins honorent l'AOC Sartène, avec leurs notes florales et fruitées.

Spin'a Cavallu C5
→ D69
Le pont en "dos de cheval" résiste aux crues du Rizzanese depuis le XIIIe s. Illustre exemple du génie civil pisan, ce robuste ouvrage affiche d'impeccables lignes géométriques.

★ Sartène C5
"La plus corse des villes corses", selon Mérimée, reste fière de l'être. Au cœur de la cité, la place de la Libération rassemble toutes les générations pour des palabres animées.

Quartier de Santa-Anna C5
Il fait bon s'immiscer entre les remparts de la ville médiévale, dédale d'étroites ruelles qui zigzaguent le long des maisons en granit.

Casa Vecchia C5
→ 13, rue des Frères-Bartoli Tél. 06 88 93 53 54
Monoï à l'immortelle, parfums aux senteurs du maquis... Un large choix d'huiles et de soins du corps aux plantes corses.

Bergerie d'Acciola C5
→ À 10 km au sud de Sartène, lieu-dit Acciola (T40) Tél. 04 95 77 14 00 Juin-sep. : tlj. 9h-22h
On aperçoit la Sardaigne de la terrasse couverte en bois de cet ancien moulin à huile tenu par un ex-berger. Fromages d'ici, côtes de veau et crêpes à la farine de châtaigne. Plat 10-34€.

★ Plateau de Cauria C6
→ À 15 km au sud de Sartène (D48, puis D48A)
Entre vignes et maquis, Palaggiu et le plateau de Cauria abritent la plus grande concentration de mégalithes en Méditerranée, témoins énigmatiques d'une civilisation méconnue qui s'épanouit entre le IIIe et le IIe millénaire av. J.-C. Si le dolmen de Funtanaccia, la "Forge du diable", est bien une sépulture, le mystère plane toujours sur la signification des menhirs alignés de Renaghju, de Stantari et surtout de Palaggiu, où on en compte 258 !

★ Uomo di Cagna C5
Un rocher en équilibre sur un bloc de granit a donné son nom à cette montagne. Voir page **H**.

ACTIVITÉS

Kayak
L'Iliade A3
→ Plage de la Terre sacrée, route des Sanguinaires, Ajaccio Tél. 06 07 56 96 75 www.iliade-sanguinaires.com Fin juin-début sep. : tlj. 9h-18h
Pour visiter les Sanguinaires à son rythme sur sa propre embarcation.

Vedettes à vision sous-marine
U Paese di u Valincu B5
→ Port de plaisance, Propriano Tél. 06 03 77 42 56 www.promenades-en-mer-propriano.fr Mai-oct.
Excursions à bord de bateaux équipés d'un fond transparent vers Scandola, les *calanche* de Piana, le golfe de Valinco, etc.

Excursions en car
Giraschi Voyages B5
→ 2, rue des Lauriers, Propriano Tél. 04 95 76 00 02 www.giraschi-voyages.com Avr.-sep.
Pour les non-véhiculés, escapades à Sartène, à Roccapina ou aux aiguilles de Bavella.

Balades à cheval
Cavadda di Santu Pultru C5
→ À 10 km au sud de Sartène (D48) Tél. 06 82 33 61 28 www.randochevalcorse.fr Sur rés. toute l'année
Pour une promenade dans le maquis, d'une heure à une semaine en bivouac. En été, tester la balade avec baignade à cheval.

Porticcio

Domaine des Milelli

Filitosa

★ Pointe de la Parata A3
Une route splendide, ponctuée de points de vue sur le golfe d'Ajaccio, mène à cette fine péninsule à la végétation rase. Une tour génoise (1608) semble veiller sur les îles Sanguinaires.

Les îles Sanguinaires A3
→ *Navette ttes les 30 min de la pointe de la Parata*
Sanguinaires ? À ce jour, le mystère flotte encore sur le nom de ces îlots, abandonnés aux oiseaux depuis 1985, lorsque les derniers habitants ont quitté la plus grande île.

Paillote du Scudo A3
→ *À 7 km à l'est de la pointe de la Parata 1, route des Sanguinaires Tél. 04 95 71 29 03 Mai-sep. : tlj. 8h-2h*
Au creux d'une crique, un rendez-vous des jeunes Ajacciens : bains de mer et soirées électriques, les pieds dans le sable !

Confiserie impériale d'Ajaccio A3
→ *Parking de la Parata, Route des Sanguinaires Tél. 04 95 10 82 33 Avr.-nov. : tlj. 8h30-12h, 15h-19h (fermé sam. après-midi hors juil.-août) / déc., mi-fév.-mars : les dim. de beau temps www. confiserie-imperiale.com*
Ce modeste cabanon posé sur le parking de la pointe de Parata cache des délices. Spécialités de cette petite entreprise familiale locale née en 1950 : le nougat à la châtaigne et celui au myrte. À partir de 8€ la tablette (160gr).

★ Domaine des Milelli A2
→ *Accès par la route des Milellli, puis de Mozzo*
Sur les hauteurs d'Ajaccio, la villa des Bonaparte, où la famille trouva refuge lors de la révolte des paolistes en mai 1793. La maison ne se visite pas, mais on se balade dans le jardin et l'oliveraie de 12 ha.

A Casetta B2
→ *À 20 km à l'est du domaine des Milelli, Cuttoli-Corticchiato Tél. 04 95 25 66 59 Mar.-jeu. 20h-22h ; ven-dim. 12h-14h, 20h-22h*
Viandes de l'élevage familial et charcuterie du patron dans un joli décor rustique ou dehors, sous les arbres. Plat 25-30€.

★ A Cupulatta B2
→ *Vero (T20) Tél. 04 95 52 82 34 Avr.-mi-mai, mi-sep.-mi-nov : tlj. 10h-17h / mi-mai-mi-sep. : tlj. 9h-18h*
Exceptionnel, ce centre dédié à la protection des tortues du monde entier. Plus de 170 espèces, dont la tortue d'Hermann ou l'effrayante tortue-alligator (Amériques).

Cascade du Voile de la Mariée C2
→ *Bocognano (D27) À 15 min à pied de la route*
Cette chute d'eau haute de 70 m évoque un voile de mariée. À voir de préférence au printemps. Baignade possible dans les vasques.

★ Gorges du Prunelli / Lac de Tolla C2
Tolla D3
Ici, la rivière cisèle des gorges impressionnantes ! Depuis 1965, son débit est régulé par un barrage. De l'autre côté, le lac de Tolla, tel un fjord dans son cirque de montagnes.

Tolla plage C2
→ *Lac de Tolla Tél. 06 87 10 13 35 Juin-sep. : tlj. 10h-19h*
Entre lac et ruisseau, une paisible paillote où se retrouvent les Ajacciens.

Corsica Pam B2
→ *À 15 km au sud-ouest de Tolla, Ocana (D3) Tél. 04 95 23 81 88 Jan.-nov. : lun.-ven. 8h-12h, 14h-18h ; sam. sur rdv*
Deux frères distillent myrte, romarin, clémentine et autres essences insulaires. Huiles et cosmétiques.

Porticcio B3
Une station balnéaire appréciée pour ses plages. Très fréquentée !

La Plage d'argent B3
→ *À 9 km au sud de Porticcio, plage de Mare e Sole (D55) Tél. 04 95 25 57 54 Avr.-mi-juin, mi-sep.-oct. : tlj. 9h-oh / mi-juin-mi-sep. : tlj. 10h-2h*
Une paillote à l'esprit zen... sauf le soir, quand elle devient sand floor ! Plat 22€.

A Cala di Cupabia B4
→ *À 30 km au sud de Porticcio, baie de Cupabia, Serra-di-Ferro (D155) Tél. 04 95 74 04 38 Mai-sep. : tlj. 8h30-23h30*
Cuisine du terroir, pêche du jour et jolie sélection de vins de l'île. Plat 22€.

★ Filitosa B4
→ *Lieu-dit Filitosa, Sollacaro (D57) Tél. 04 95 74 00 91 Avr.- oct. : tlj. 9h-coucher du soleil*
Le plus riche site préhistorique de l'île, occupé du Néolithique à l'âge du fer. Des bornes sonores commentent in situ les menhirs sculptés de visages ou d'armes (IIe millénaire av. J.-C.).

G

Plaine orientale / Castagniccia / Cortenais

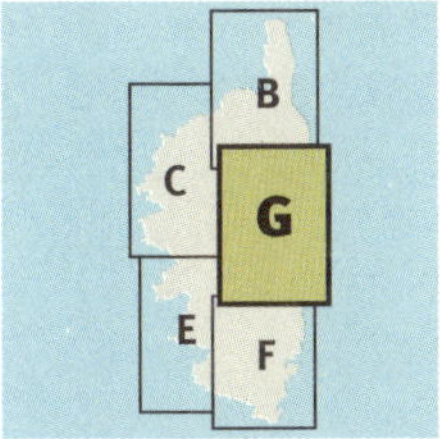

Côté mer, une immense plage de sable fin longe la très large Plaine orientale. Depuis que les Américains l'ont débarrassée du paludisme en 1944, elle prospère, alignant vignes et plantations d'agrumes à perte de vue. Aléria la Romaine conserve ses ruines antiques et révèle les secrets de ses objets anciens. Au nord, la Castagniccia (la "Châtaigneraie") songe au temps où ses arbres "à pain" nourrissaient l'île entière et égrène d'éloquents édifices baroques et des villages semblant désertés. Au centre, la forte Corte, cernée d'altières montagnes, se souvient des brèves années d'indépendance durant lesquelles elle fut capitale. Vers le sud, place à la nature sauvage de la vallée de la Restonica, semée de forêts de pins et de hêtres, et aux lacs de Melo et de Capitello.

Vallée de la Restonica

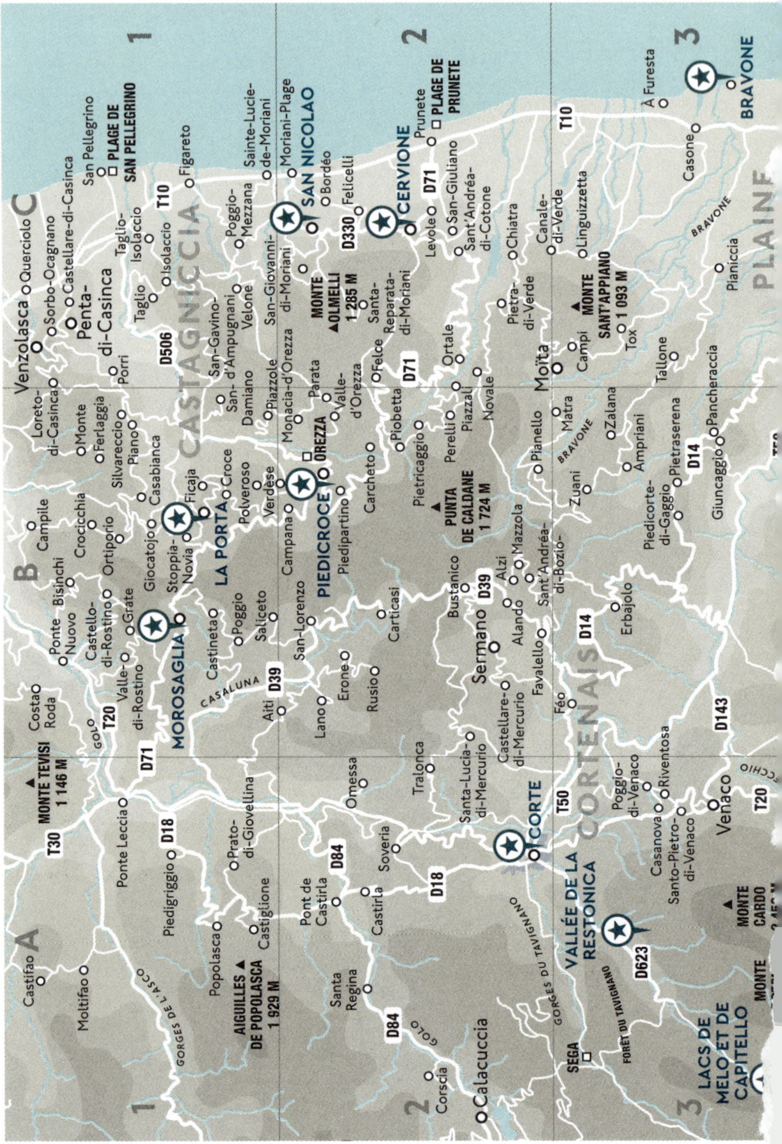

A
B
C
1
2
3
Castifao
Moltifao
Costa
Roda
Ponte Leccia
MONTE TEVISI
1 146 M
Ponte-Nuovo
Bisinchi
Campile
Venzolasca
Querciolo
Sorbo-Ocagnano
Castellare-di-Casinca
San Pellegrino
PLAGE DE SAN PELLEGRINO
Penta-di-Casinca
Loreto-di-Casinca
Monte
Ferlaggia
Silvareccio
Piano
Casabianca
Porri
Taglio
Taglio-Isolaccio
Isolaccio
Figareto
Crocicchia
Ortiporio
Giocatojo
Castello-di-Rostino
Grate
Valle-di-Rostino
MOROSAGLIA
Stoppia-Nova
Ficaja
Croce
LA PORTA
Polveroso
Verdese
Castineta
Poggio
Saliceto
Piedigriggio
Prato-di-Giovellina
Popolasca
Castiglione
AIGUILLES DE POPOLASCA
1 929 M
GORGES DE L'ASCO
CASALUNA
GOLO
Aiti
Lano
Erone
Rusio
San-Lorenzo
Campana
PIEDICROCE
Piedipartino
OREZZA
Carcheto
Carticasi
San-Gavino-d'Ampugnani
Velone
San-Damiano
Piazzole
Monacia-d'Orezza
Parata
Valle-d'Orezza
Poggio-Mezzana
Sainte-Lucie-de-Moriani
San-Giovanni-di-Moriani
Moriani-Plage
SAN NICOLAO
Bordéo
Felicelli
MONTE OLMELLI
1 285 M
Santa-Reparata-di-Moriani
Felce
Piobetta
CERVIONE
Prunete
PLAGE DE PRUNETE
Levole
San-Giuliano
Sant'Andréa-di-Cotone
Chiatra
Canale-di-Verde
Linguizzetta
Pietra-di-Verde
Ortale
Piazzali
Novale
Perelli
Pietricaggio
PUNTA DE CALDANE
1 724 M
Bustanico
Alzi
Mazzola
Sant'Andréa-di-Bozio
Alando
Sermano
Favalello
Castellare-di-Mercurio
Santa-Lucia-di-Mercurio
Tralonca
Omessa
Soveria
Pont de Castirla
Castirla
Santa Regina
Calacuccia
Corscia
CORTE
VALLÉE DE LA RESTONICA
GORGES DU TAVIGNANO
FORÊT DU TAVIGNANO
SEGA
LACS DE MELO ET DE CAPITELLO
MONTE CARDO
CORTENAIS
CASTAGNICCIA
PLAINE
Féo
Poggio-di-Venaco
Riventosa
Casanova
Santo-Pietro-di-Venaco
Venaco
Erbajolo
Zuani
Pianello
Matra
Moïta
Campi
Tox
MONTE SANT'APPIANO
1 093 M
Zalana
Ampriani
Pietraserena
Piedicorte-di-Gaggio
Giuncaggio
Pancheraccia
Tallone
Pianiccia
Casone
A Furesta
BRAVONE
T10
T20
T30
T50
D18
D71
D84
D39
D14
D143
D506
D330
D623

ORIENTALE
FORT DE VIVARIO
D343
Vezzani
Rospigliani
Vivario
Muracciole
Canaglia
PIETRA-PIANA
PUNTA A I MUZZOLINI 1 634 M
PUNTA RENOSA 2 008 M
L'ONDA
Tattone
MONTE D'ORO 2 389 M
Vizzavona
CASCADE DES ANGLAIS
COL DE VIZZAVONA 1 931 M
PUNTA DI L'ORIENTE 2 112 M
D69
Ghisoni
Busso
CASCADE DU VOILE DE LA MARIÉE
Bocognano
CAPANNELLE
T20
Tavera
MONTE RENOSO 1 984 M
FORÊT DE MARMANO
Marmano
COL DE VERDE 1 926 M
PRATI
Bastelica
VAL D'ESE
MONTE GIOVANNI 1 950 M
D27
Palneca
Tolla
VIZZILUCA
Ciamannacce
Tasso
Sampolo
Cozzano
USCIOLU
Vignola
Guitera-les-Bains
Zicavo
Bains-de-Guitera
Quasquara
Ste-Marie-Sicché
D83
Zévaco
Corrano
BERGERIES DE BASSETA
Matalza
MONTE MALO 1 849 M
Casabertola
Antisanti
Pietroso
Frassiccia
D443
Casevecchie
Campo-Quercio
Vaccaja
ÉTANG DE DIANE
Riva-Bella
Saparelle
Agnatello
Letto Maio
Teppa
Cateraggio
ALÉRIA
Rosse
Agheri
TAGNONE
Aghione
RÉSERVOIR DE TEPPE ROSSE
Casabianda
ÉTANG DE SALE
Samuleto
DÉFILÉ DES STRETTE
D344
Sampolo
Pinzalone
DÉFILÉ DE L'INZECCA
Lugo-di-Nazza
Saint-Antoine
T10
CENTRE PÉNITENCIER AGRICOLE
ÉTANG D'URBINO
Ghisonaccia-Gare
ALZITONE
D444
Poggio-di-Nazza
GHISONACCIA
Prunelli-di-Fiumorbo
FIUM'ORBO
Abbazia
Morta
D144
PLAGE DE VIGNALE PINIA
Isolaccio-di-Fiumorbo
Pietrapola
Calzarello
Serra-di-Fiumorbo
Casamozza
PLAGE DE CALZARELLO
Piediquarcio
ÉTANG DE PALO
Ventiseri
Parata
Chisa
TRAVO
Travo
Lostinchello
Solaro
CHIOLA
Solenzara
4
5
6
A
B
C
0
5
10 km

Porto-Vecchio

L'Antigu

Piscia di Gallu

★ Porto-Vecchio C3
Porto-Vecchio voit le jour au XVIe s., sous l'impulsion de Gênes, qui choisit ce golfe pour y établir une place forte. Avant de devenir dans les années 1960 la plus huppée des destinations de l'île, la ville a bâti sa fortune sur les marais salants, que l'on aperçoit de la porte Génoise et qui produisent encore près de 900 tonnes de sel par an.

Bastion de France C3
→ *Tél. 04 95 28 72 37*
Visite guidée *Mai-oct. : tlj. 10h-13h, 15h-19h*
La citadelle génoise (1539) accueille expos et concerts. Du sommet, le regard porte sur les toits, les salines et le golfe.

Église Saint-Jean-Baptiste C3
→ *Place de l'Église*
Tél. 04 95 70 14 28
Juil-août : tlj. 7h-23h / sep.-juin : tlj. 8h-20h
Sur la place principale, cette église de style néoroman se dresse au milieu des terrasses de café.

Le Glacier de la place C3
→ *4, pl. de la République*
Tél. 04 95 70 21 42
Avr.-nov. : tlj. 7h-2h
Au cœur de la vieille ville, une adresse indémodable connue pour ses glaces maison : fabrication artisanale, sans colorants, sans conservateurs, sans ajout d'arôme. Excellentes ! Petite restauration au déjeuner.

Casetta C3
→ *47, rue Borgo*
Tél. 06 47 80 55 04 Tlj. 19h-23h
Un jeune couple amoureux de gastronomie corse concocte calamars farcis au brocciu, filet mignon à la Pietra, cannellonis, etc. Terrasse au calme à l'écart de la rue, et service sympathique. Plat 18€.

L'Antigu C3
→ *51, rue Borgo Tél. 04 95 70 39 33 Avr.-oct. : tlj. 12h-14h, 19h-23h /nov.-déc., mars : mar.-sam. 12h-14h, 19h-23h*
Rare en Corse, la carte inventive réjouit les gourmets : asperges en carbonara de jambon corse, veau confit. Plat 25€.

L'Othello C3
→ *65, rue Borgo*
Tél. 06 03 43 14 95 Tlj. 18h-2h
Le sombre personnage de Sampiero Corso (1498-1567), qui aurait inspiré Shakespeare pour son *Othello,* trône dans ce bar à cocktails, unique en ville ! Concerts et soirées à thème, tapas et gin infusé aux herbes du maquis.

La Maison sur l'île C3
→ *3, rue Jean-Jaurès*
Tél. 04 95 72 06 74 Lun.-sam. 9h30-12h, 15h30-19h
Gilles Massena propose ici un large choix d'objets et d'accessoires tendance à tous les prix façon mini-concept store.

U Tavonu C3
→ *9, rue du Général-de-Gaulle Tél. 04 95 72 14 03 Juin-sep. : tlj. 9h-13h, 15h-20h (0h juil.-août) /avr.-mai, oct. : mar.-dim. 9h-13h, 15h-20h*
Dans cette petite épicerie au cœur de la haute ville, *lonzo, coppa* et *figatelli* pendent au plafond.

Marine C3
Plus calme que la haute ville, le port offre une échappatoire aux ruelles bondées. Au sud-est, les salines toujours en activité.

La Canne à Sucre C3
→ *Quai Pascal-Paoli*
Tél. 04 95 70 35 25
Avr.-oct : tlj. 7h-2h
Petits déjeuners et glaces artisanales sur une immense terrasse ombragée face au port.

LES PLUS BELLES PLAGES

Rondinara C5
→ *À 20 km au nord-est de Bonifacio (D158) Parking payant en été*
Les deux pointes qui s'avancent dans la mer forment une baie presque parfaitement ronde ! Baignade en pente douce et eaux très calmes.

Santa-Giulia C4
→ *À 7,5 km au sud de Porto-Vecchio (T10) Parking*
Les fonds marins y sont peu profonds et longtemps plats. L'eau, translucide, laisse voir petits poissons, rochers et sable fin.

Palombaggia C3
→ *À 5 km au sud-est de Porto-Vecchio (T10) Parking payant*
Sans doute la plus belle plage de Corse ! Plus de 1,5 km de sable blanc ourlé d'eau turquoise. Zones privées, paillotes et activités nautiques.

Saint-Cyprien C3
→ *À 12 km au nord de Porto-Vecchio, Lecci (D468) Parking*
Large choix d'activités au sud ; sauvage et préservée au nord.

Favone C2
→ *Village de Favone (T10)Parking*
Une plage familiale facile d'accès et rarement bondée.

Zonza / Aiguilles de Bavella

Le Bar Jean

★ Piscia di Gallu B3
→ *L'Ospedale (D368)*
À 50 min à pied du parking payant
La promenade vers la cascade du Coq offre un concentré de Corse : une forêt de pins, un maquis agrippé à un socle de granit et un torrent qui se précipite d'une hauteur de 60 m dans des marmites de géants.

U Funtanonu B3
→ *L'Ospedale (D368)*
Tél. 04 95 10 32 92 Tlj. 9h-17h
Une auberge de village où aiment se retrouver les marcheurs. On peut déguster sur place des plats traditionnels et de bons gâteaux maison du jour. Plat 18-30€.

★ Zonza B2
Point de départ des nombreuses randonnées de la région, Zonza reste préservée, loin de la foule des voyageurs. L'air frais est au rendez-vous et l'atmosphère détendue.

L'Eternisula B2
→ *Route principale (D420)*
Tél. 04 95 76 11 75 Mar.-dim. 12h-14h30, 19h-21h30
Tartes, bruschettas, soupes, pâtisseries corses ou *british* dans ce restaurant tenu par un couple corso-britannique. Plat 15-20€.

★ Trou de la Bombe B2
Cette curiosité géologique est à découvrir au terme d'une plaisante randonnée. Voir page **H**.

★ Aiguilles de Bavella B1
→ *Village de Bavella, entre Zonza et Solenzara (D268)*
Majestueuse dentelle de porphyre émergeant de la forêt, l'auguste silhouette des fourches de Bavella règne sur le sud de la Corse. Les alpinistes viennent les tutoyer en empruntant les sentiers et les voies d'escalade qui s'en approchent.

Le Refuge B1
→ *Parking du col de Bavella*
Tél. 09 88 66 34 01
Avr.-oct. : tlj. 9h-dernier client
Accueil chaleureux pour des plats simples à prix raisonnable. Un endroit parfait pour écrire les incontournables cartes postales en sirotant un jus de citron pressé.

★ Rivière Solenzara C1
→ *D268 Espaces pour se garer le long de la route*
Les rivières de Corse étonnent par leurs limpides eaux vert émeraude et leurs températures pouvant être agréables. Celle de Solenzara en est l'exemple parfait.

★ Solenzara C1
Le principal attrait de cette station balnéaire repose sur sa position, entre Bavella, Porto-Vecchio et le nord de l'île. Vaste choix de restaurants, de campings et de plages.

L'Annexe C1
→ *Port de plaisance*
Tél. 04 95 59 85 11 Mai-oct. : tlj. 12h-14h, 19h-22h ; nov.-avr. : tlj. 12h-14h
Cuisine méditerranéenne de qualité, prisée par les habitants : penser à réserver ! Plat 18-26€.

A Mandria C1
→ *Pont de Solenzara (T10)*
Tél. 04 95 57 41 95
Juil.-août : lun.-mer. 19h-22h30 ; jeu.-dim. 12h-14h, 19h-22h / jan.-juin, sep.-nov. : mar.-sam. 12h-14h, 19h-22h, dim. 12h-14h
Cette ancienne bergerie a troqué ses moutons contre des plats corses d'une grande qualité. Plat 20€.

Le Bar Jean C1
→ *T10 Tél. 04 95 57 42 57*
Avr.-sep. : tlj. 17h-2h / oct.-mars : mar.-dim. 8h-2h
Après avoir participé à l'émission *Pékin Express*, Julie et Denis ont retapé ce vieux bar dans un esprit récup'. Petite restauration en circuit court et à base de produits locaux (*fish & chips*, *nuggets*) et soirées musicales.

ACTIVITÉS

Excursion en bateau
SPMB B6
→ *Port de Bonifacio*
Tél. 04 95 10 97 50
www.spmbonifacio.com
Départs pour l'archipel des Lavezzi.

Golf
Golf de Sperone B6
→ *Route de Piantarella, Bonifacio*
Tél. 04 95 73 17 13
www.golfdesperone.com
Été : tlj. 7h30-19h / hiver : ven.-mer. : 8h30-17h30
Vue superbe sur la mer.

Randonnée thématique
Les aromatiques de l'île de Beauté B3
→ *Ferruccio*
Tél. 06 19 89 65 36
www.plantesdumaquis.com Tlj. sur réservation
Pour découvrir la flore insulaire avec son nez !

Courses hippiques
Hippodrome de Viséo B2
→ *Zonza*
Juil.-août : un w.-e. sur 2
Pour parier ou profiter du spectacle, à deux pas des aiguilles de Bavella.

Canyoning
Acqua & natura C1
→ *Sari-Solenzara*
Tél. 06 29 19 19 04
www.corse-canyoning-parc.com Mi-juin-sep.
Canyoning dans le massif de Bavella, kayak, accrobranche...

Sports de montagne
Xtrem Sud Canyon B3
→ *D368, L'Ospedale*
Tél. 06 18 97 03 46
www.xtremsud.com
Avr.-sep. : tlj. sur rés.
Randonnée, escalade, trail et canyoning.

Rocca Serra

Cimetière marin

Archipel des Lavezzi

★ Bonifacio B6
Tel une équilibriste, la blanche cité semble flotter sur l'étroite falaise de calcaire qui s'effrite à son pied. Bonifacio a su résister à plusieurs sièges, mais reste impuissante face à l'assaut des touristes venus contempler ses splendeurs. Peu importe, l'endroit demeure incontournable.

Port de plaisance A6
Un goulet offre le mouillage le plus abrité de Méditerranée, entouré d'une kyrielle de cafés et de restaurants siégeant devant les yachts.

The Kissing Pigs B6
→ *15, quai Banda-del-Ferro*
Tél. 04 95 73 56 09
Tlj. 12h-14h, 19h-22h
(fermé mer. nov.-avr.)
Le porc nustrale, nourri à l'herbe en été et aux glands en hiver, s'agrémente ici de toutes les façons : charcuterie, grillades ou plats mijotés. Les petits appétits opteront pour le cake de châtaignes toasté au foie gras. Plat 25€.

Rocca Serra B6
→ *17, quai J.-Comparetti*
Tél. 04 95 73 10 08
Avr.-oct. : tlj. 7h-1h
Le glacier emblématique du sud de l'île depuis presque 40 ans, et autant de parfums issus de produits locaux : brocciu, figue de Barbarie... mais aussi plus exotiques comme la pistache sicilienne de Bronte.

B'52 B6
→ *37, quai Jérôme-Comparetti*
Tél. 06 32 82 18 69
Avr.-sep. : tlj. 7h-2h
Le bar lounge le plus tendance de la ville ! La fête se prolonge souvent jusque dans la rue, et la terrasse se transforme alors en carré VIP. Les DJ invités tout l'été assurent le show à quelques mètres des bateaux luxueux. Tapas et sushis en début de soirée.

La ville haute A6
Entre les remparts et les tours fortifiées, il fait bon déambuler dans la vieille ville génoise : un réseau de ruelles étroites, dont les hautes maisons austères ont été transformées en restaurants ou en boutiques.

Castille A6
→ *7, rue Simon-Varsi*
Tél. 04 95 73 04 99
Avr.-sep. : tlj. 12h-14h30, 19h-22h30 / oct. : mar.-sam. 12h-14h30, 19h-22h30
Trois lieux au choix pour prendre place dans ce restaurant-taverne : la cave voûtée, la terrasse au milieu de la rue ou le balcon ouvert sur la mer. Dans l'assiette, des spécialités bonifaciennes, comme les aubergines et les pâtes à l'araignée de mer. Plat 20€.

Escalier du roi d'Aragon A6
→ *Début avr.-déc. : tlj. 9h-19h30*
Telle une balafre entaillant la falaise, cet escalier déploie ses 187 marches vertigineuses taillées dans la pierre. La légende raconte qu'il aurait été creusé par les troupes du roi d'Aragon lors du siège de la ville en 1420. À son pied, une venelle creusée à flanc de falaise mène à un puits d'eau douce.

Cimetière marin A6
À l'extrémité de la falaise, accrochée au-dessus de la grande Bleue, une éblouissante ville dans la ville, où habitent les morts depuis le XIXe s. Les tombeaux de famille, surmontés d'un fronton à l'antique, s'alignent, tels de petits temples, coiffés de toits pentus, unis ou en damier rouge, blanc et noir. Sans doute l'un des plus beaux cimetières de Méditerranée.

★ Cap de Pertusato B6
Au point le plus méridional de l'île, le cap de Pertusato déroule un sentier entre mer, lande et formations calcaires jusqu'au sémaphore (1844) et son formidable panorama de part et d'autre du cap : les îles Lavezzi sont à l'est et la Sardaigne au sud ! En contrebas, superbe plage et spot de plongée dans cette zone protégée.

Archipel des Lavezzi C6
→ *Excursion en bateau au départ de Bonifacio (voir Activités)*
Eau limpide, sable blanc, chaos de granit érodé survolé par des goélands et des cormorans : un archipel sauvage au cœur de la réserve naturelle des bouches de Bonifacio. Tandis qu'une poignée de milliardaires s'est emparée de l'île de Cavallo, celle de Lavezzo accueille pour la journée les candidats au farniente ou au snorkeling. Lorsque se lève la tempête, ces paradis deviennent de redoutables écueils. Deux cimetières et un monument témoignent du terrible naufrage de la Sémillante, le 15 février 1855.

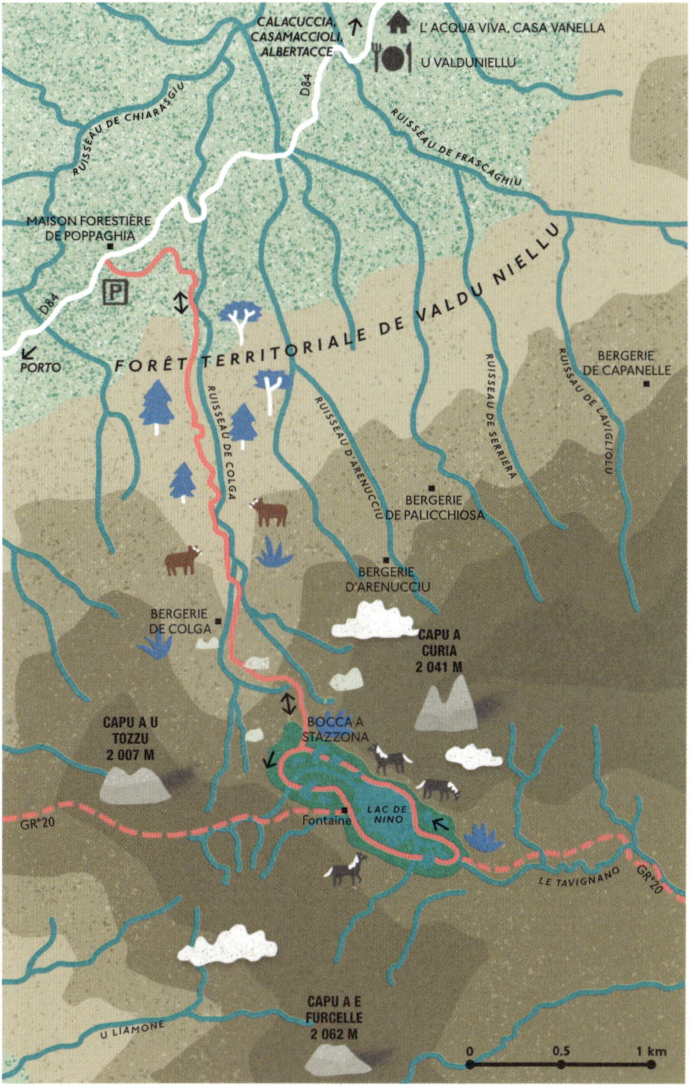

2. TROU DE LA BOMBE

ENC - Aroma Café

La Porta / Saint-Jean-Baptiste

Corte

★ San Nicolao C2
Sur la magnifique route de la corniche (D330), entre Cervione et Moriani-Plage, le village et ses hameaux s'accrochent à la montagne. L'église, typique du baroque génois, isolée au milieu des tilleuls, cyprès et lauriers-roses, dresse un clocher à cinq étages, si haut qu'il servait autrefois de tour de guet.

Poterie du Pratu C2
→ *Quartier du Pratu*
Tél. 04 95 38 48 22 Juil.-août : tlj. 9h30-19h30 / sep.-juin : lun.-sam. 9h30-19h
Aline et Thiébault font visiter leurs ateliers, un chacun, avec entrain. Ils y moulent, sculptent et tournent le grès. Vaisselle, plaques de maison de toutes les couleurs et divers accessoires.

ENC - Aroma Café C2
→ *Lieu-dit Bordeo*
Tél. 04 95 38 46 04
Juin-sep. : lun.-sam. 10h-12h30, 15h-19h / oct.-mai : 10h-12h, 14h-17h
Les von Keyserlingk envoûtent avec leurs huiles essentielles et leurs eaux de toilette. Les plantes aromatiques qui composent les produits sont bios et cultivées au domaine. On se détend à la petite cabane de l'Aroma Café pour une collation ou une tisane.

★ Piedicroce B2
Passé le couvent en ruine, apparaît le village construit sur une crête rocheuse. Son église Saint-Pierre-et-Saint-Paul, consacrée en 1691, arbore toutes les influences du rococo : volutes, décors stuqués, colonnes corinthiennes, angelots, dorures... Le plus vieil orgue de Corse y résonne encore lors de concerts très appréciés. Du perron s'ouvre un magnifique panorama.

Le Refuge B2
→ *D71 Tél. 04 95 35 82 65*
Avr.- oct. : tlj. 12h-14h, 19h30-21h
Ici, on fond, pour les *buglidicce*, beignets au fromage corse, et autres spécialités. Plat 15-25€.

★ La Porta B1
On se rend dans ce village pour l'église Saint-Jean-Baptiste, quintessence de l'art baroque corse. Dehors, une façade éclatante et un campanile indépendant. Dedans, un étourdissant décor de statues dorées, fresques, stucs et marbres.

★ Morosaglia B1
→ ***Musée*** *Tél. 04 95 61 04 97*
Tlj. 9h-18h (17h oct.-avr.)
De hautes maisons de schiste dispersées en hameaux noyés parmi les châtaigniers... ce village typique de la Castagniccia a vu naître Pascal Paoli (1725-1807), qui donna à l'île son indépendance pendant 14 ans. Dans sa maison natale transformée en musée, de poignants témoignages, comme la monnaie qu'il fit frapper, la Constitution corse et les premiers drapeaux à tête de Maure.

Domaine de Vico & Macarons Marchetti A1
→ *À 15 km à l'ouest de Morosaglia, Ponte Leccia (D71) Tél. 04 95 47 32 04*
Lun.-sam. 9h-12h, 14h30-19h
Un vignoble sur des sols de schiste et d'argile pour des vins rouges, rosés et blancs, et le laboratoire d'Anne Marchetti pour ses macarons aux goûts fruités, chocolatés ou végétaux. Dégustations.

LES PLUS BELLES PLAGES

Calzarello C5
→ *À 5 km au sud-est de Ghisonaccia (D244) Prunelli-di-Fiumorbo Parking*
La commune s'active pour rendre cette plage attractive tout en préservant son environnement. Chose rare, l'accès aménagé pour les fauteuils roulants.

Vignale / Pinia C5
→ *Ghisonaccia (D144) Parking gratuit*
Très facile d'accès et surveillée en été. On y trouve tout le confort : paillotes, sports nautiques, pédalos, douches, etc.

Prunete C2
→ *En contrebas de Cervione (T10) Parking*
Longue plage familiale bordée de dunes sur plusieurs kilomètres.

Moriani-Plage C2
→ *T10 Parking*
Immense ruban de sable fin en pente douce, dans cette station balnéaire où les infrastructures touristiques ne cessent de s'accroître année après année.

San Pellegrino C1
→ *D506A Parking*
Belle étendue de sable, de part et d'autre d'un ruisseau, dans un environnement préservé, calme même en été.

Musée de la Corse

Lac de Capitello

Confiserie Saint-Sylvestre A2
→ *À 30 km au sud-ouest de Morosaglia, Soveria (D18A)*
Tél. 04 95 47 42 27
Lun.-ven. 8h-12h, 14h-18h
Marcel réalise fruits confits et nougats artisanaux. Sa fille, Alexia, est l'une des rares chocolatières de l'île.

★ Corte A2
Au cœur des montagnes, l'unique grande ville du centre de l'île. Malgré ses rues pentues et ses façades austères, elle sait se montrer accueillante. Ici, la moitié de la population est étudiante puisque la ville possède la seule université de Corse.

Musée de la Corse A2
→ *Citadelle*
Tél. 04 95 45 25 45 Nov.-mars : mar.-sam. 10h- 17h ; avr.-fin sep. : tlj. 10h-18h (20h juil.-fin sep.) ; fin sep.-oct. : mar.-dim. 10h-18h
Merveilleusement intégré dans la citadelle avec ses parois de verre, ce musée se consacre aux savoir-faire traditionnels et à la société corse. Interactives, les collections sont sans cesse nourries par la mémoire des insulaires.

U Museu A2
→ *Rampe Ribanelle*
Tél. 04 95 61 08 36
Avr.- oct. : tlj. 12h-14h30, 18h30- 22h30 / nov.-mars : mar.-sam. 12h-14h30, 19h30-22h30
À l'ombre des frênes, on découvre les spécialités cortenaises, comme le civet de sanglier ou la *falculelle*, douceur au brocciu. Plat 13-24€.

Le Rex Lounge A2
→ *1, cours Paoli*
Tél. 04 95 46 08 76 Avr.-sep. : tlj. 8h-2h ; oct.-mars : lun.-sam. 8h-dernier client
Ce bar, tranquille en journée, accueille le soir une foule d'étudiants venus prendre l'apéro !

Café du Cours A2
→ *22, cours Paoli*
Tél. 04 95 46 00 33 Tlj. 7h-2h
Le rendez-vous des jeunes Cortenais : café, bar, salle de jeux vidéo en réseau, et un haut lieu festif de la vie estudiantine : soirées et concerts, notamment de musique corse.

Vallée de la Restonica A3
Cette merveilleuse vallée glaciaire a tout pour plaire. En son milieu coule l'eau cristalline de la Restonica, qui ravit baigneurs et pêcheurs.

★ Lacs de Melo et de Capitello A3
→ *À 16 km au sud-ouest de Corte (D623) Du parking, 1h à pied jusqu'à Melo, puis 45 min jusqu'à Capitello*
Une randonnée pour deux lacs d'un bleu intense. D'abord Melo, aux berges verdoyantes, ensuite Capitello, profond, serti de hautes falaises.

Lombarducciu A3
→ *Parking du lac de Melo*
Avr.-oct. : tlj. 10h-21h
On "casse la croûte" plus qu'on ne mange dans cette cabane à l'esprit montagnard. Plat 5-10€.

★ Fort de Vivario A4
→ *Vivario (T20)*
Il fut construit par les Français en 1771 et devint rapidement une prison de triste réputation, où l'on enfermait les rebelles corses. Aujourd'hui en ruine, il offre un ample panorama sur la vallée du Vecchio qui coule 300 m plus bas.

★ Cascade des Anglais A4
→ *À 12 km au sud de Vivario (T20) À 45 min à pied du parking*
À l'abri d'une vaste forêt de hêtres et de pins laricios, un torrent indompté plonge de cascades en piscines. Dès le début du XXe s., sa fraîcheur vivifiante attirait les aristocrates anglais.

ACTIVITÉS

Parachutisme
Corse Parachutisme Tandem C5
→ *Aérodrome d'Alzitone, Ghisonaccia*
Tél. 07 49 72 50 54
www.corse-parachutisme-tandem.fr Fin-juin-oct. : tlj. 9h-20h
Rien de tel que d'admirer l'île de Beauté du ciel !

Balade à dos d'âne
La Ferme aux Ânes C2
→ *Route d'Anghione, lieu-dit Felicelli, Cervione*
Tél. 06 17 94 95 60
www.ecoledesanes.com Sur rdv
On se laisse emmener par un âne entre les petits villages à l'ombre des châtaigniers. Familial !

Sports de montagne
Isula Muntagna C2
→ *San-Nicolao*
Tél. 06 13 55 81 84
isula-muntagne.com
Sur rdv
Randonnées à la journée sur toute l'île et séjours randonnée (notamment sur le GR20), VTT, trail, canyoning, etc.

Parc à thèmes
Parc Galea C1
→ *Route de l'ex-CNRO, Taglio-Isolaccio*
Tél. 07 78 13 56 70
parcgalea.com
Juil.-août : tlj. 10h-19h ; avr.-juin, sep. : tlj. 14h-18h
Un parc ludique dédié à la Corse : jardin, écomusée, installations, conférences, land art, c'est tout ça à la fois !

Aléria

L'Écurie

Musée de l'Adecec

Réalia

★ Ghisonaccia C5
De cette petite bourgade, on rayonne entre la mer à l'est et les contreforts des montagnes à l'ouest.

Le Pasquale Paoli C5
→ *Lieu-dit Casamozza Ghisonaccia (3,5 km au sud du centre-bourg, sur la T10) Tél. 06 11 44 92 35 Mar.-dim. 17h-2h*
Mi-bar, mi-pub, le rendez-vous est bien connu des amateurs de bières artisanales, lesquelles sont produites par la brasserie maison située à quelques kilomètres. La plus fameuse : la blonde au miel, Apa.

★ Aléria C4
Cette étape passionnera les amateurs d'Antiquité. "Alalia" fut jadis une cité prospère au milieu des vignes, de sa fondation par les Phocéens en 565 av. J.-C. jusqu'à la chute de Rome au Ve s.

Fort de Matra / Site antique C4
→ *Tél. 04 95 57 00 92 Mi-mai-sep. : tlj. 10h-18h / oct.-mi-mai : tlj. 9h-17h*
Sur le site, on imagine un temple, le forum et des thermes romains. Dans le fort sont exposés de précieux vestiges : bijoux, amphores, cratères, etc.

L'Écurie C4
→ *Marine Domaine de Padulone Tél. 04 95 57 94 26 Mi-mars-mi-déc. : mar.-dim. 11h30-13h30, 19h30-21h30 (22h juil.-août)*
Tout est local dans cette ferme-auberge : veau et bœuf bios du domaine, légumes du jardin et poisson selon arrivage. Plat 22€.

★ Bravone C3
Petite marine paisible réputée pour ses plages naturistes, rares sur l'île.

Marché de Bravone C3
→ *Route des Marines-de-Bravone Juin-mi-sep. : jeu. 8h-13h*
Sur ce marché, moult produits du terroir, mais surtout les délicieuses moutardes de Linguizzetta aromatisées à la noisette, à la clémentine ou encore au fromage corse !

Chez Marie C3
→ *À 3 km à l'ouest de Bravone (T10) Tél. 04 95 38 81 85 Mi-mai-sep. : mar.-sam. 12h-14h30, 19h-22h30 / oct.-mars : mar.-mer., sam. 12h-14h30 ; jeu.-ven. 12h-14h30, 19h-22h30*
Le charmant duo Pascal et Sergio travaille les produits locaux et de saison : burger corse bio, linguine aux palourdes, osso bucco… Plat 14-24€.

La Plage C3
→ *À 7 km au nord de Bravone, lieu-dit A Furesta (T10) Tél. 04 95 55 71 59 Avr.-oct. : tlj. 12h-15h, 19h-22h*
On enjambe le ruisseau grâce à la passerelle en bois avant d'accéder à cette paillote secrète en bord de plage. Chants polyphoniques en été.

★ Cervione C2
Accrochée à la montagne face à la mer, l'ancienne capitale de l'éphémère royaume de Corse est aujourd'hui celle de la noisette, objet d'une IGP (indication d'origine protégée). Une foire en son honneur a lieu tous les ans fin août.

Musée de l'Adecec C2
→ *Place Jean-Simonetti Tél. 04 95 38 12 83 Lun.-sam. 9h-12h, 14h-18h (19h juil.-août)*
Les collections de ce musée ethnographique reconstituent les métiers et la vie des villageois de la région, du XVIe au XXe s. : poterie, menuiserie, sellerie, etc.

Église Saint-Érasme C2
Cette église fut une cathédrale jusqu'à la Révolution. Le lanternon qui la coiffe diffuse une belle lumière sur son intérieur baroque.

U Casone C2
→ *Lieu-dit Casone (T10) Tél. 04 95 38 10 47 Mi-juin-mi-sep. : lun. 19h30-22h ; mar.-dim. 12h-13h45, 19h30-22h*
On s'y attable autour de bonnes terrines du terroir, d'un sauté d'agneau ou de beignets au fromage. Plat 15€.

U Campoloro C2
→ *Lieu-dit Prunete (T10) Tél. 04 95 38 00 22 Mai-sep. : tlj. 12h-14h, 19h-22h*
Du poisson grillé ou un burger corse à déguster ici les orteils dans le sable. Garder une place pour le dessert : moelleux à la châtaigne très fondant ! Plat 18-22€.

Réalia C2
→ *Alistro RT 10 Tél. 04 95 36 04 46 Lun.-sam. 9h-19h*
Crème à l'immortelle, démaquillant à la clémentine et huiles de massage 100 % naturels sont fabriqués dans cette ferme cosmétique, mais aussi utilisés pour les massages réalisés sur place et en plein air.

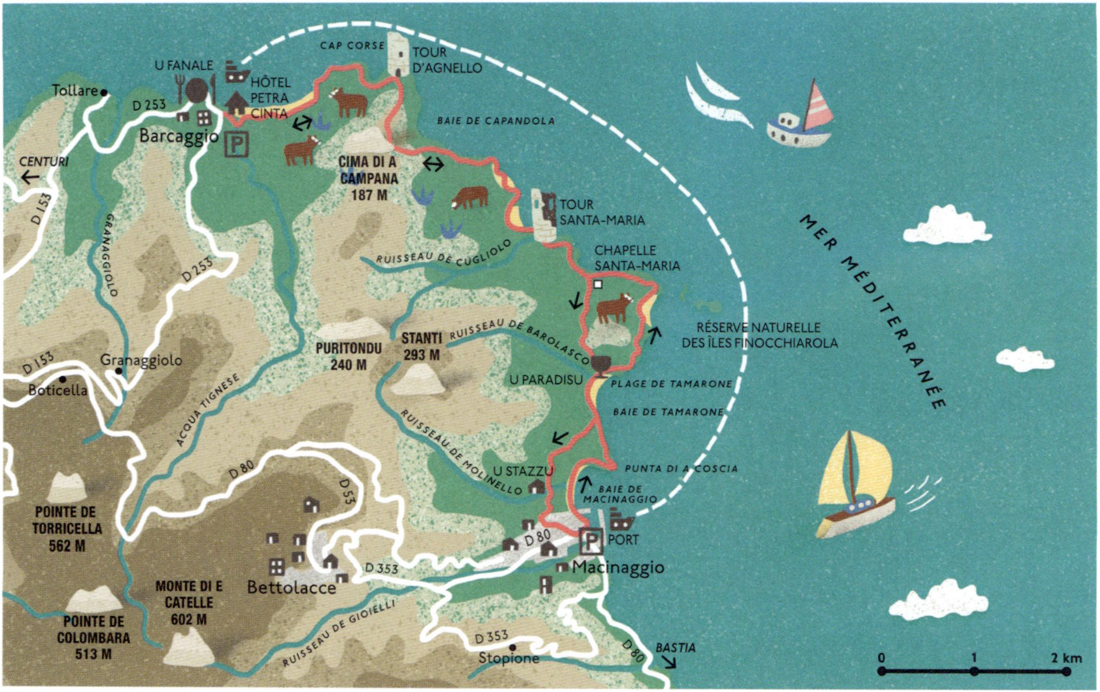

2. CHEMIN DU FACTEUR

Balisage jaune de la randonnée

Uomo di Cagna

3. Uomo di Cagna L'"homme de Cagne", sentinelle de pierre en équilibre sur la montagne, a donné son nom à cette randonnée. Entre forêt de chênes verts et bruyères, le sentier, balcon panoramique sur la plaine et la baie de Figari, traverse un étonnant chaos de rochers granitiques ronds.

PAS À PAS

- **Départ/Arrivée** Église de Giannuccio (**F** A4)
- **Durée** 5-6h A/R
- **Parcours** 10 km
- **Difficulté** ***
- **Dénivelé** 750 m

On démarre du village de Giannuccio pour s'élever dans la montagne de Cagna, avant de redescendre au point de départ.

De Giannuccio au plateau (1h)
Du parking de l'église de Giannuccio, un panneau indique "L'Omu di Cagna". On le suit jusqu'à un second parking.
Le départ y est signalé par un écriteau à gauche. Le chemin monte le long d'un muret et passe à gauche d'un réservoir. L'ascension est constante et offre une vue plongeante sur le village. Le sentier traverse un petit ruisseau et s'élève ensuite jusqu'à un haut plateau tapissé de bruyères. Au loin, le rocher se laisse déjà apercevoir.

Traversée du plateau (1h45)
Elle passe entre d'impressionnants rochers superposés aux formes étranges et se prolonge dans une pinède ombragée.
Le sentier débouche sur un col où l'on profite de quelques coins ombragés avant la dernière montée.

Dernière montée à l'Uomo di Cagna (1h)
Le chemin se ramifie, suivre l'itinéraire principal balisé en bleu, partir à droite avant de tourner brusquement vers la gauche. Certains blocs de granit nécessitent l'usage des mains pour être franchis mais ne présentent pas de difficulté majeure. Le sentier se divise une dernière fois, suivre celui de droite. Le chemin continue en alternant légères montées et descentes. On escalade quelques blocs jusqu'au rocher panoramique qui fait face à l'Uomo di Cagna. Pour le retour, emprunter le chemin de la montée.

ÉTAPES

Gîtes du Riolo (F A4)
→ À 8 km au sud de Giannuccio, Monacia-d'Aullène Tél. 04 95 10 54 30 Avr.-nov.
Gîtes simples pour 4 à 5 personnes. Hamacs et transats pour profiter de la nature. 500-1 000€/sem. (on peut aussi réserver à la nuit en téléphonant).

Le Patio (F A5)
→ À 13 km au sud de Giannuccio, route du Port, Pianottoli-Caldarello Tél. 06 03 07 48 27 Juin-sep. : tlj. 20h-0h
Vue exceptionnelle sur la baie de Figari, accueil bienveillant et plats à base de produits frais... ou la recette d'un repas bien mérité ! Plat 25-30€.

U Terranu (F A4)
→ Giannuccio Tél. 06 28 50 44 11 Tlj. 8h-22h
Paninis, bières et glaces. Un casse-croûte pour se donner du courage.

PRÉPARATION

- Vérifier la météo (www.meteofrance.com) et s'habiller en conséquence
- Rester sur les sentiers balisés. En l'absence de signalisation, suivre les cairns (amas de pierres)
- Se munir de bonnes chaussures de marche et d'un sac à dos léger
- Démarrer tôt (dormir dans les environs)
- Ne jamais partir seul
- Couverture réseau portable quasi inexistante
- Prévoir eau et nourriture
- Ne pas s'approcher du bétail

ACCÈS

EN VOITURE
Accès par la D50 (Monacia-d'Aullène-Giannuccio).
Parking à l'église de Giannuccio.
Pas d'arrêt de bus à proximité.

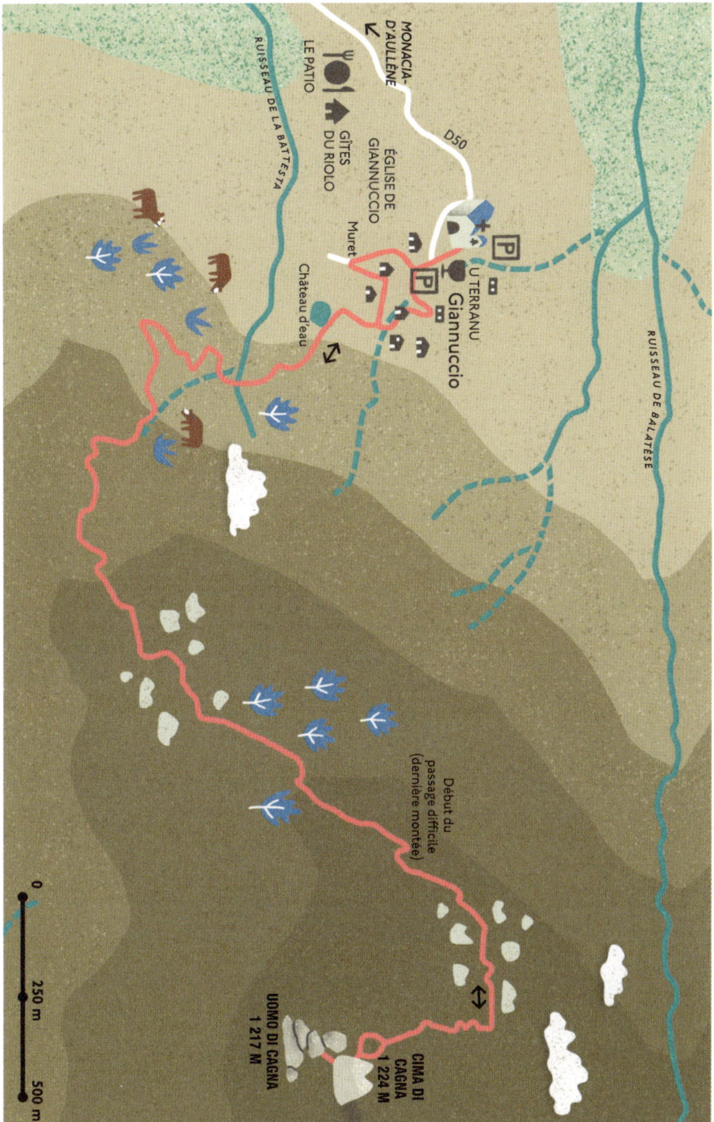
MONACIA-D'AULLÈNE
D50
LE PATIO
GÎTES DU RIOLO
ÉGLISE DE GIANNUCCIO
U TERRANU
Giannuccio
Muret
Château d'eau
RUISSEAU DE LA BATTESTA
RUISSEAU DE BALATÈSE
Début du passage difficile (dernière montée)
CIMA DI CAGNA 1 224 M
UOMO DI CAGNA 1 217 M
0
250 m
500 m

Pinède de Valdu Niellu

Pozzine

1. Lac de Nino Au creux de l'aride massif du Rotondo se love le deuxième plus grand lac de Corse, serti de *pozzines*, véritables oasis de verdure peuplées de chevaux, chèvres et cochons en liberté. Un paradis que l'on gagne au prix d'une dernière ascension assez ardue.

PAS À PAS

- **Départ/Arrivée** Maison forestière de Poppaghia (**C** B5)
- **Durée** 5h15
- **Parcours** 11 km
- **Difficulté** ***
- **Dénivelé** 700 m

Prévoir une pause assez longue pour profiter du lac et des pozzines. Chemins relativement peu fréquentés, car plusieurs voies d'accès sont possibles.

De la maison forestière à la bergerie de Colga (1h10)
De la maison forestière, le chemin balisé en jaune s'élève au milieu de la pinède de Valdu-Niellu. On longe le vallon de Colga dans une ascension d'une heure environ. La végétation se raréfie lorsque l'on s'approche de la bergerie de Colga.

De la bergerie au lac de Nino (1h20)
Après une halte à la bergerie commence une rude montée au milieu d'éboulis et de dalles rocheuses jusqu'à Bocca a Stazzona, où l'on doit s'aider de ses mains. À l'arrivée s'ouvre une vue magnifique sur le Monte Cinto et, en contrebas, le lac et son cirque aux pozzines tant convoitées.

Tour du lac (1h)
Plus qu'une courte descente avant de gagner les berges du lac de Nino ! Un sentier longe la rive sud, il s'agit du GR20. Une fontaine au début de ce chemin permet de se ravitailler en eau fraîche. Faire le tour du lac, amadouer les chevaux féraux ou s'installer pour un pique-nique sur les pozzines spongieuses et verdoyantes...

Retour à la maison forestière (1h45)
Revenir par le même sentier qu'à l'aller. La descente parfois très raide peut être dangereuse sur les dalles rocheuses, humides et glissantes. Rester prudent.

ÉTAPES

L'Acqua Viva (C C4)
→ À 12 km au nord-est de Poppaghia, Calacuccia
Tél. 04 95 48 06 90
Au nord du lac de Calacuccia, cet hôtel 3 étoiles a tout pour ravir : service impeccable, chambres confortables et calme absolu. Chambre 75-95€. Camping 7€/pers.

U Valduniellu (C C4)
→ À 12 km au nord-est de Poppaghia, Calacuccia
Tél. 04 95 48 06 92 Avr.-sep. : tlj. 12h-14h, 19h-22h
La belle terrasse regarde le Monte Cinto. Civet de sanglier aux figues, magret de canard à la bière... Plat 20€.

Casa Vanella (C C4)
→ À 10 km au nord-est de Poppaghia, Casamaccioli
Tél. 04 95 48 69 33 Mars-oct.
Table et chambres d'hôtes tenues par des guides. Les produits locaux et respectueux de la nature sont de mise. Menu 28€, chambre avec petit déj. 89-134€.

POZZINES

Les pozzines, du mot corse *pozzu*, qui signifie "puits", sont des pelouses épaisses et spongieuses traversées de ruisseaux. Elles se gorgent d'eau au point que des trous se forment. Celles du lac de Nino sont les plus célèbres de Corse, mais on en trouve aussi à Marmano (**G** B5) ou dans l'Alta Rocca (**F** B2). Ces prairies fragiles sont protégées par le Parc naturel régional de Corse. Le moindre déchet peut coûter très cher et la baignade est interdite.

ACCÈS

EN VOITURE
À 16 km au sud-ouest d'Albertacce (**C** C4), parking payant à la maison forestière de Poppaghia. Pas d'arrêt de bus à proximité.

3. UOMO DI CAGNA

AUTREMENT

10 BONNES IDÉES POUR VIVRE À L'HEURE DE LA CORSE !

Aller au bout du bout
Avec 183 km du nord au sud et 83 km de largeur maximale, on pense pouvoir faire rapidement le tour de la Corse. Pourtant, ici on ne calcule pas les distances en kilomètres mais en heures de trajet. Les chemins sinueux et les routes accidentées peuvent trahir les meilleurs GPS, et voyager d'une extrémité à l'autre de l'île s'avère souvent beaucoup plus compliqué qu'il n'y paraît. Plusieurs pointes et caps donnent le sentiment d'être au bout du monde !
→ *Cap Corse* **(B)**, *pointe de la Parata* **(E** A3), *cap de Pertusato* **(F** B6)

Se baigner en eau douce
Nombreuses sont les rivières dévalant les reliefs de l'île de Beauté. Propices à la baignade, au canyoning ou au kayak, ces piscines naturelles rafraîchissantes ont de quoi rivaliser avec les plus belles plages du littoral : eau cristalline et belles étendues de sable ou de galets.
→ *Gorges de l'Asco* **(C** C3), *gorges de Spelunca* **(C** B5), *rivière Solenzara* **(F** C1), *vallée de la Restonica* **(G** A3)

S'offrir une lame unique
Lame fixe ou pliante, acier carbone ou damas (acier très fin), manche en corne de bélier, de mouflon ou de bouc... Le vrai couteau corse (*cultellu cursinu*) ne se trouve pas dans les boutiques de souvenirs, mais chez l'un des rares artisans-couteliers qui perpétuent la tradition.
→ *Le Clemenceau à Calvi* **(C** A1)

Monter au village
L'été, ne pas se contenter du littoral, mais partir à la découverte des hameaux d'altitude, traverser les forêts et plonger dans les rivières ! Les Corses eux-mêmes ont tendance à fuir la côte pour se réfugier "au village". C'est à la fois un retour aux sources identitaires et rurales, et la recherche de nuits plus fraîches et plus tranquilles. La vie dans les hauteurs bat alors son plein : marchés, foires, concerts, banquets, festivals.
→ *Dormir sur place, voir pages* Transports et hôtels

Rivière Solenzara

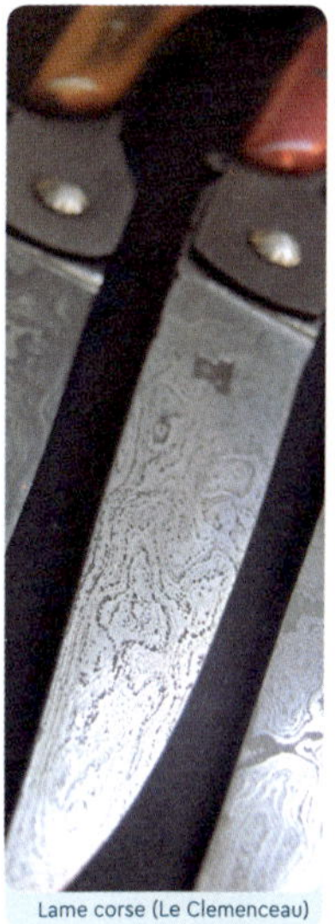
Lame corse (Le Clemenceau)

Réserve nationale de Scandola

Speloncato

TRANSPORTS ET HÔTELS EN CORSE

Tour génoise

Chaos de rochers

3. Campomoro La randonnée commence par une petite montée jusqu'à une tour génoise, se poursuit le long de la côte aux rochers modelés, avant de se terminer sur une plage de sable. On peut interrompre à tout moment cette balade à la carte sur l'un des plus beaux tronçons du littoral corse.

PAS À PAS

- **Départ/Arrivée** Village de Campomoro (**E** B5)
- **Durée** 5h15 (aller-retour) 2h15 (boucle Campomoro-plage de Canuseddu)
- **Parcours** : 15 km
- **Difficulté** *
- **Dénivelé** 270 m

De Campomoro à la tour génoise (25 min)
Du parking situé à l'entrée de Campomoro, emprunter la route du littoral pendant 10 min jusqu'au lotissement de Calanova. Poursuivre sur la route pendant 10 min avant d'arriver au chemin de randonnée à droite. Suivre l'écriteau "Tour génoise" ; on y parvient en 10 min.

De la tour génoise à la baie de Canuseddu (1h25)
Contourner la tour sur la gauche pour profiter de la vue à 360° de part et d'autre de la Punta di Campomoro. L'édifice abrite une exposition sur les tours génoises (payant). Suivre la direction "Cala Genovese" jusqu'au sentier littoral. Longer par la droite le chaos de rochers et emprunter son couloir de pierres : c'est un passage magnifique avec une toute petite partie d'escalade sécurisée par des chaînes (on peut l'éviter grâce au chemin équestre sur la gauche). Le parcours se transforme en une allée bordée de genévriers et de plates étendues herbeuses avant d'aboutir à la baie de Canuseddu.

De la baie de Canuseddu à Cala d'Aguglia (1h)
Franchir le muret, descendre jusqu'au ruisseau, poursuivre tout droit sur la plage, et rejoindre le sentier littoral. Continuer pendant une heure avant d'atteindre la superbe Cala d'Aguglia.

Retour à Campomoro (2h25)
Retourner à la plage de Canuseddu et longer le muret vers l'amont du ruisseau. À la mare, tourner à droite et suivre le "chemin des Randonneurs". La tour génoise refait son apparition, prendre alors à rebours l'itinéraire de l'aller jusqu'au parking.

FAIRE UNE PAUSE

Le Ressac (E B5)
→ *Campomoro*
Tél. 04 95 74 22 25
Mi-avr.-mi-oct.
Superbe vue sur la tour génoise et sur le golfe. Chambre 75-128€.

Bar-restaurant des Amis (E B5)
→ *Campomoro*
Tél. 04 95 74 23 50
Avr.-sep. : tlj. 12h-14h, 19h-22h ; oct. : tlj. 14h30-18h
Au bout de la plage, langouste et bouillabaisse sur le balcon couvert, et chants corses sur le toit certains soirs ! Plat 30€.

U Spuntinu (E B5)
→ *Campomoro*
Tél. 06 12 32 00 86
Avr.-oct. : tlj. 7h30-22h
Pierre-Paul concocte une cuisine méditerranéenne dans une ambiance amicale et sereine. Plat 15-35€.

TOURS GÉNOISES

Craignant les invasions barbaresques et les incessantes attaques de pirates, la République de Gênes a entrepris la construction de tours le long du littoral corse à l'aube du XVIe s. En cas de danger, les gardiens allumaient un feu au sommet. L'alerte passait alors de tour en tour, chacune prévenant la suivante. La défense pouvait se préparer rapidement sur des centaines de kilomètres de côtes. La Corse comptait 120 tours génoises en 1730, il n'en reste que 67, plus ou moins bien conservées.

ACCÈS

EN VOITURE
Parking gratuit à l'entrée du village. Pas d'arrêt de bus à proximité.

PUNTA DI CAMPOMORO
CALA GENOVESE
TOUR
DE CAMPOMORO
Calanova
D521
Caselle
BAR DES AMIS
U SPUNTINU
Jacom'
Alfonsu
LE RESSAC
D121
SARTÈNE
Campomoro
P
MER MÉDITERRANÉE
CHAOS DE ROCHERS
PUNTA DI
SCALONU
BAIE DE
CANUSEDDU
PLAGE DE
CANUSEDDU
Chemin des
Randonneurs
Palavone
Muret
Mare
U
PUNTONU
PUNTA DI
MANNA MULINA
180 M
SERRA ALTA
(ANCIENNE BERGERIE)
VANGONE D'AUCIA
CALA
D'AGUGLIA
PORTU
D'AUCIA
BERGERIES DE
PADULACCIA
0
0,5
1km

Tour de Santa-Maria

Plage de Barcaggio

1. Sentier des Douaniers Ce sentier à la pointe du cap Corse, jadis emprunté pour surveiller la côte, chemine jusqu'à Centuri. Le tronçon de Macinaggio à Barcaggio est sans doute le plus riche et le plus varié : tours génoises, plages, criques, et vue sur les îles d'Elbe et de Capraia !

PAS À PAS

- **Départ/Arrivée** Port de Macinaggio (**B** C1)
- **Durée** 6h45 (aller-retour) 3h40 (aller à pied et retour en bateau-navette de Barcaggio) 3h30 (boucle Macinaggio-chapelle Santa-Maria)
- **Parcours** 25 km
- **Difficulté** *
- **Dénivelé** 650 m

Cette très longue randonnée, ponctuée de nombreuses haltes, offre des alternatives plus courtes : boucle jusqu'à Santa-Maria ou aller à pied et retour en bateau.

De Macinaggio à Santa-Maria (1h45)
Du port de Macinaggio, suivre la D80 jusqu'à la route, à gauche le long du port. Au bout, monter à droite jusqu'à la Punta di a Coscia. Des canons et un mât de bateau jalonnent la colline. Rejoindre le chemin balisé en jaune jusqu'à la baie de Tamarone. Longer la plage et les deux paillotes, et rester sur le sentier côtier à droite. 15 min plus tard, se déploie la petite plage en face des îles Finocchiarola. 15 min plus tard, on parvient à Santa Maria.

De Santa-Maria à Barcaggio (2h)
De la chapelle romane Santa-Maria, s'engager sur le large chemin à droite jusqu'à la tour du même nom. Le sentier se prolonge ensuite sur la côte, jalonnée de plages. Changement de décor un peu avant la tour d'Agnello : le chemin grimpe à l'assaut de falaises en surplomb de la grande bleue, jusqu'à Barcaggio.

Retour à Macinaggio (3h)
Reprendre le sentier littoral jusqu'à la chapelle Santa-Maria. Puis rester sur le large chemin d'arrière-pays à droite. Rejoindre la plage de Tamarone et emprunter une nouvelle fois la piste intérieure jusqu'au camping U Stazzu, avant de continuer jusqu'à Macinaggio.

FAIRE UNE PAUSE

U Paradisu (B C1)
→ *Plage de Tamarone*
Tél. 06 12 89 96 43
Tlj. 9h-22h
Terrasse couverte en bord de plage, pour prendre un verre ou casser la croûte à toute heure de la journée. Plat du jour 16€.

U Fanale (B B1)
→ *Barcaggio Tél. 04 95 35 62 72 Juil.-mi-sep. : tlj. 11h30-14h, 19h-22h / avr.-juin, oct. : tlj. 11h30-14h*
Un restaurant de poisson près de la côte. Pêche locale et produits bio à déguster sur la terrasse ombragée. Plat 10-24€.

Hôtel Petra Cinta (B B1)
→ *Port de Barcaggio*
Tél. 04 95 36 87 45 Avr.-oct.
Dans les neuf chambres de cette grande maison, ni télé, ni wifi, mais de fenêtres ouvrant sur le port et le large. Réception dans le bistrot attenant. Chambre 75-175€.

PRÉPARATION

- Les randonnées littorales sont les plus accessibles : paillotes sur le chemin, peu de dénivelé
- Se munir de baskets
- Sentiers peu ombragés : porter un chapeau
- Nombreux lieux de baignade

ACCÈS

EN VOITURE
À Macinaggio (B C1)
→*Parking gratuit au port*
À Barcaggio (B B1)
→*Parking gratuit*

EN BATEAU
U San Paulu
→*Port de Macinaggio*
Tél. 06 14 78 14 16
www.sanpaulu.fr
À Macinaggio : mai-juin, sep. : tlj. 10h, 14h ; juil.-août : tlj. 9h, 11h, 14h, 16h15
En saison, navette maritime entre Macinaggio et Barcaggio.

3. CAMPOMORO

INDEX

Les noms de monuments et de lieux de visite, de villes et villages, classés par ordre alphabétique, sont suivis d'un carroyage, dont la lettre en gras A, B, C... indique la carte correspondante. 📍 renvoie à la page des "Incontournables".

EN VOITURE

Le meilleur moyen pour se déplacer en Corse. Vigilance de rigueur ! Routes souvent étroites et sinueuses. En montagne, il est d'usage de se garer pour laisser passer les habitués.

DISTANCES

Souvent trompeuses ! Il faut les mesurer en temps plus qu'en kilomètres.

STATIONNEMENT

Certains villages possèdent des parkings à leurs entrées. En ville, stationnement presque toujours payant.

Chemins de fer corses

TRAIN

CHEMINS DE FER DE LA CORSE

→ *Tél. 04 95 32 80 57*
www.cf-corse.corsica
U trinichellu, "celui qui bouge beaucoup", traverse de somptueux paysages pour relier Ajaccio, Bastia et Calvi. Ne pas hésiter à faire un aller-retour dans la journée.

Pass Libertà

→ *7j./50€*
Trajets illimités.

PETIT TRAIN DE BALAGNE

→ *Tél. 04 95 65 00 61*
Tarif A/R 7€
Ce tramway dessert les plages entre Calvi et L'Île-Rousse.

D-E AJACCIO / GRAND VALINCO / SARTENAIS

Ajaccio

Hôtel Kallisté (D C2)
→ *51, cours Napoléon*
Tél. 04 95 51 34 45
www.hotel-kalliste-ajaccio.com
Dans un immeuble du XIXe s., 35 chambres impeccables, aux murs de pierres et de briques apparentes. Réception 24h/24. 89-107€.

Hôtel San Carlu (D C5)
→ *8, bd Danièle-Casanova*
Tél. 04 95 21 13 84
Chambres claires et vastes dans une ancienne forteresse du XVe s., près de la plage Saint-François. 100-150€.

Porticcio (E B3)

Le Maquis
→ *Hameaux du Soleil*
Tél. 04 95 25 05 55 Mars-jan.
www.lemaquis.com
Dans ce lieu paradisiaque, les clients des 18 chambres et des 7 suites bénéficient d'une plage privée, ainsi que de deux piscines et d'un restaurant réputé. Magique ! 160-530€.

Propriano (E B4)

Le Bellevue
→ *Port de plaisance*
Tél. 04 95 76 01 86
Mars-fin nov.
La façade rose et bleu dissimule, au-dessus du restaurant, 15 chambres simples et bien équipées. L'accueil est sympathique, comme le cliquetis des drisses sur les mâts. 48-110€.

Hôtel-restaurant Le Lido
→ *42, av. Napoléon-III*
Tél. 04 95 76 06 37
Mai-sep. www.le-lido.com
Au bout de la grève, un hôtel les pieds dans l'eau : chambres romantiques, délicieux patio et un restaurant qui est une institution locale depuis les années 1930. 140-240€.

Sartène (E C5)

Rossi Hôtel
→ *Route de Propriano*
Tél. 04 95 77 01 80 Mars-oct.
www.hotelrossi-sartene.com
Dépendances autour d'un jardin planté d'orangers et d'une piscine. Les 24 chambres sont spacieuses et bien équipées. 85-170€.

F BONIFACIO / PORTO-VECCHIO / ALTA ROCCA

Bonifacio (F B6)

Hôtel du Roy d'Aragon
→ *13, quai Jérôme-Comparetti*
Tél. 04 95 73 03 99
Mars-nov.
www.royaragon.com
31 chambres tout confort aux premières loges pour observer le port de Bonifacio. 65-150€.

A Loghja di Cavallo Morto (F B5)
→ *À 3 km au nord de Bonifacio Ch. de Campagru*
Tél. 06 09 36 35 50 Avr.-oct.
www.bonifaciocorsica.info
Dans une demeure cossue du XVe s. gardée par deux *cursini* (chiens de race corse), 4 chambres d'hôtes aux sdb ultradesign et aux meubles anciens. Fabienne, la maîtresse de maison, donne de bons conseils pour s'offrir un festin alentour. Avec petit déj., 122-162€.

Porto-Vecchio (F C3)

Hôtel San Giovanni (F B4)
→ *Route d'Arca*
Tél. 04 95 70 22 25
Mars-nov.
hotel-san-giovanni.com
Tennis et piscine dans cet hôtel situé au milieu d'un parc floral de 3 hectares. Demi-pension obligatoire en été. 70-195€.

Hôtel Le Goéland (F C3)
→ *La Marine*
Tél. 04 95 70 14 15
Mars-nov. www.hotel goeland.com

Guides CARTOVILLE Gallimard
5, rue Gaston-Gallimard
75007 Paris
cartoville@gallimard-loisirs.fr
guides-gallimard.fr

Auteurs
Nicolas Koussa,
Audrey Oliveira,
Julien Collet
En Corse
Chloé Nury

Illustration cartes de randonnées
Antoine Corbineau

Direction éditoriale
Hélène Firquet
Édition
Vincent Grandferry
Suivi éditorial
Coraline Borchiellini
Responsable artistique
Flora Monnin
Fabrication
Julien Recurt
Relations presse
Sophie Gallet
Responsable coéditions
Mathilde Barrois

Cartographie
EdiCarto
© Gallimard Loisirs

Mise à jour
Grégoire Meyer

Photographies
Nicolas Koussa.
Shutterstock pour les photos suivantes :
Panorama © Evannovostro
Bienvenue en Corse ! © Pawel Kazmierczak
Les incontournables Lac de Nino © Ivan Hlobej, Îles Lavezzi © Matteo Gabrieli, Calanche de Piana © RnDmS, Sant'Antonino © Pawel Kazmierczak
Corse pratique San Michele de Murato © Bensliman Hassan, Célébrations à Ajaccio © Petr Kovalenkov
A Vieux port © Pawel Kazmierczak, Palais des Gouverneurs © Maudanros
B Rogliano © Jon Ingall, Erbalunga © Anilah, Nonza © pio3, Saint-Florent © Pawel Kazmierczak
C Gorges de Spelunca © bikemp
D Marché d'Ajaccio © Jean Schweitzer, Place Foch © Stefano Ember, Place d'Austerlitz © Evannovostro
E Îles sanguinaires © Samuel B., Porticcio © Claudio Cassaro, Sartène © Éric Valenne geostory
F Falaises calcaires de Bonifacio © Hartmut Albert, Archipel des Lavezzi © Honza Hruby, Porto-Vecchio © Evannovostro
G Vallée de la Restonica © Jon Ingall, Aléria © RnDmS, Corte © Éric Valenne geostory
I Chemin du Facteur © Pawel Kazmierczak, Tour génoise © JP Photographie
Corse autrement Lac de Capitello © salajean
Transports Ferries à Bastia © Evannovostro, Chèvres sur la route © Bildagentur Zoonar GmbH.

Fotolia pour les photos suivantes :
Les incontournables Aiguilles de Bavella © Punto Studio Foto AG
Corse pratique Clémentines © Jackin
B Étang de Biguglia © bolga2b, San Michele de Murato © Carola Vahldiek, Désert des Agriates © joningall1
C Calanche de Piana © Tilio & Paolo, Sant'Antonino © joningall1, Calvi © Hawkeye, Réserve naturelle de Scandola © photlook
E Filitosa © icon72, Roccapina © Ariane Citron
F Cimetière matin © traveller70, Piscia di Gallu © Frog 974, Aiguilles de Bavella © Beboy
G Lac de Capitello © pipobimbo
H Pozzine © Frog 974
I Tour de Santa-Maria © santu20, Plage de Barcaggio © fulviomiotti
Corse autrement Rivière Solenzara © mattei, Speloncato © jfbruneau
Transports Panneaux bilingues, Ligne de chemin de fer © Allard1.

Autres :
Les incontournables Bastia © Frédéric Bony
Corse pratique Maquis © Frédéric Bony
Corse autrement Réserve naturelle de Scandola © Julien Collet

1er dépôt légal : mars 2020
Dépôt légal : décembre 2021
Numéro d'édition : 370603
ISBN 978-2-7424-6248-3
Photogravure : Desk (Laval).
Imprimé en Chine par C&C Offset.

Édition mise à jour, publiée en 2022